Felix R. Paturi

Natürlich gesund mit Schwarzer Melasse

- Mit Zuckerrohrsirup den Säure-Basen-Haushalt regulieren
- Erkrankungen vorbeugen und sanft behandeln
- Rezepturen für Gesundheit und Schönheit

SÜDWEST

Inhalt

In Tee wirkt Melasse besonders gut.

Aus Zuckerrohr wird der schwarze Honig gewonnen.

Auch in der Landwirtschaft und bei der Viehzucht hilft Melasse.

Melasse lässt sich auf vielfältige Weise zubereiten.

Vorwort

Viele Menschen leiden heute an Beschwerden, die letztlich auf eine unausgewogene Ernährung und auf mangelnde Bewegung zurückzuführen sind. Derlei Krankheiten decken ein weites Spektrum ab und reichen von Erkrankungen des Bewegungsapparats über Stoffwechselstörungen, Vitaminmangelzustände oder Nervenleiden bis hin zu Herz-Kreislauf-Erkrankungen, die heutzutage die häufigste Todesursache sind. Alle diese Krankheiten beeinträchtigen nicht nur den Betroffenen selbst und seine Familie, sondern sie stellen auch eine nicht unerhebliche Belastung für die Volkswirtschaft dar.

Was aber kann man tun, um solche Beschwerden gar nicht erst entstehen zu lassen oder ihnen beizeiten entgegenzutreten? Ausreichend bewegen und vernünftig ernähren wäre die logische Antwort. Aber wir wissen alle, dass das nicht so einfach ist. Der hektische Alltag, zu wenig Zeit und der »innere Schweinehund« lassen gute Vorsätze immer wieder im Sand verlaufen. Wie kann ich meinem Körper etwas Gutes tun, fragt sich mancher verzweifelt, ohne gleich mein gesamtes Leben umzukrempeln? Die Antwort lautet: Probieren Sie Melasse!

Viele Zivilisationskrankheiten beruhen auf Mangelernährung. Der Mangel bezieht sich allerdings nicht auf die Nahrungsmenge, sondern auf die Qualität der Nahrung. Einseitige und unüberlegt ausgewählte Speisen führen auf Dauer zu Vitamin- und Mineralstoffmangel, auch Ballaststoffe werden meist nicht in ausreichender Menge aufgenommen.

Was ist Melasse?

Melasse ist ein Produkt, das anfällt, wenn Zuckerrohr – oder auch Zuckerrüben – verarbeitet werden. Der dickflüssige braune Saft wurde häufig mit Honig verglichen. Alles, was dem Zucker an gesundheitlich wertvollen Bestandteilen fehlt, Ballaststoffe, Vitamine, Mineralien, findet sich in der Melasse. Die Geschichte der Melasse ist die Geschichte von wandernden Menschen, die auf der Suche nach neuen Welten Zuckerrohr mit sich führten und es überall dort anpflanzten, wo sie hinkamen. Irgendwann begann man den süßen Saft zu bearbeiten und erhielt als Nebenprodukt die Melasse, und irgendwann erkannte man auch die positiven Wirkungen, die Melasse zum Erhalt und zur Wiederherstellung der Gesundheit beitragen kann.

Melasse – das unbekannte Heilmittel

In Medizinbüchern verschiedenster Kulturen wird der gesundheitliche Wert der Melasse hervorgehoben, und es gibt eine Reihe von Empfehlungen und Hinweisen für den Einsatz von Melasse bei verschiedensten Krankheiten. Allerdings war die Melasse auch damals vermutlich kein Heilmittel der vordersten Reihe. Die heute bekannten Heilerfolge mit Zuckerrohrmelasse sind jüngeren Datums, aber sie reichen aus, um aufhorchen zu lassen und sich mit diesem heilsamen schwarzen Sirup ernsthaft auseinander zu setzen.

Schon ein Teelöffel Melasse pro Tag, eingenommen in heißem Wasser oder Tee, reicht aus, um Mangelerscheinungen vorzubeugen.

Neue Wege der Naturmedizin

Noch gibt es kaum Literatur zu diesem Thema. Das vorliegende Buch möchte jedoch die existierenden positiven Erfahrungen mit der schwarzen Melasse verbreiten und Anregungen zur Anwendung geben, aber auch Grenzen aufzeigen und schließlich dazu ermutigen, mit Melasse neue, eigene Erfahrungen im Hinblick auf die Chancen zur Selbstbehandlung bei Beschwerden oder Mangelerscheinungen des durch viele Einflüsse belasteten Organismus zu sammeln.

Bereits seit Beginn des 16. Jahrhunderts wird auf den Großen Antillen Zuckerrohr angebaut. Die Dominikanische Republik lebt neben dem Kaffee- vor allem auch vom Zuckerrohranbau.

Der bis zu sieben Zentimeter dicke Stängel des Zuckerrohrs enthält ein zuckersafthaltiges Mark.

Auf Neuguinea verwendet man Zuckerrohr als Gemüsepflanze zur Bereicherung der Nahrung. Auf seinem Weg durch die Welt erkannten viele Völker die heilkräftige Wirkung des Zuckerrohrs bzw. der Rückstände, die bei seiner Verarbeitung entstehen.

Die Geschichte der Melasse

Niemand weiß, wer zum ersten Mal Zuckerrohr angepflanzt hat oder wann das war. Die Agrarhistoriker glaubten lang, es stamme aus den wasserreichen Gegenden Nordindiens, nämlich aus Bengalen oder Assam, denn dort lässt sich der Anbau von Zuckerrohr bereits in den ersten Jahrhunderten v. Chr. eindeutig belegen. Neuerdings glaubt man aber eher, das Zuckerrohr stamme ursprünglich aus Neuguinea und werde dort schon seit etwa acht Jahrtausenden genutzt. Von dort aus habe es dann vor rund 3000 Jahren als Gartenpflanze den Südpazifik erobert, indem es von Insel zu Insel weitergebracht wurde, und schließlich sei es über den Malaiischen Archipel und Indochina nach Indien gelangt. Hier erst baute man es nach einer Kreuzung mit einheimischen wilden Rohren systematisch auf Feldern an und nutzte es landwirtschaftlich in größerem Umfang. Die Europäer lernten Zuckerrohr erst um 325 v. Chr. kennen, als Nearchos und Onesikritos, zwei Gefolgsleute Alexanders des Großen, ihrem Feldherrn berichteten, sie haben erzählen gehört, im Gangestal wachse ein Schilf oder Rohr, das ohne Beihilfe von Bienen Honig enthalte oder hervorbringe.

Süß und dickflüssig

Der nahe liegende Vergleich des süßen klebrigen Safts, den man aus dem Rohr pressen kann, mit Honig ist es auch, der der Zuckerrohrmelasse zu ihrem Namen verhalf. Zum ersten Mal taucht das Wort »Melasse« (molasses) in einer auf 54 Blättern Birkenbast aufgezeichneten buddhistischen Handschrift auf, die heute als Bower-Manuskript bekannt ist und gegen Ende des 19. Jahrhunderts von Schatzgräbern in der Reliquienkammer einer Tempelruine der Oase Kuchar im chinesischen Ostturkistan gefunden wurde. Vermutlich wurde sie von vier buddhistischen Mönchen verfasst. Der Hauptinhalt des Manuskripts ist medizinischer Natur. Es enthält eine Vielzahl von Arzneivorschriften, und damit wird die Melasse hier ausdrücklich als heilkräftig erwähnt. Vermutlich bedeutete das Wort schon zu dieser Zeit nichts anderes als Honig. Deutlich wurde der Vergleich mit Honig aber erst, als der eingedickte Rohrsirup später in Europa bekannt wurde. Hier nannte man ihn Rohrhonig (canna mellis), Honigzücker (miel sucre, mel sucarae, zuccara melitta, melas oder melassum). Noch heute verwenden Hausfrauen in Ägypten und im Sudan in ihrer Küche Zuckerrohrpresssirup, den sie als Al-Asal Al-Aswad, zu deutsch »schwarzer Honig«, bezeichnen. Unabhängig vom Begriff »Melasse« weist also die gewählte arabische Bezeichnung ebenfalls auf Honig hin.

Melasse taucht als Heilmittel in medizinischen Schriften der verschiedensten Kulturen auf, und stets wird ihre heilkräftige Wirkung gelobt.

Melasse in Persien

Doch zurück zur Geschichte des Zuckerrohrs. Verwendeten es die Inder zunächst lediglich zur Gewinnung des süßen Safts, so begann man im 6. Jahrhundert n. Chr. in Mesopotamien erstmals damit, diesen Saft durch fortgesetztes Kochen einzudicken. Das Fâanåd, wie man den braunschwarzen Sirup nannte, wurde in der medizinischen Schule von Gondisapur im Euphrat-Tigris-Delta als Heilmittel gewonnen. Wenig später begannen die Perser, das Fâanåd durch Zusätze von Milch und vielleicht auch Wein zu »reinigen«. Damit war ein erster Schritt in Richtung Zuckerraffination vollzogen.

Zuckerrohr am Nil

Um 700 n. Chr. begannen auch die allem Neuen gegenüber aufgeschlossenen Muslime in Ägypten Zuckerrohr anzubauen, und zwar sowohl im Nildelta als auch im Gebiet von Assuan. Geschult in frühen chemischen Techniken wie der Reinigung von Glassatz oder von Erzen, verbesserten sie auch die Raffination von Zuckersaft. Aus dieser Zeit stammt der erste gesicherte Nachweis über Melasse als eine Art Raffinerierückstand, die sich allerdings in ihrer Zusammensetzung noch in keiner Weise mit dem vergleichen lässt, was wir heute unter diesem Namen kennen. Erwähnt wird die Melasse im so genannten

Ägyptische Papyri sind wichtige Dokumente über den damaligen Stand der medizinischen Wissenschaft. In ihnen wird schon beschrieben, wie man Melasse gewinnt.

Papyrus Rainer aus dem 10. Jahrhundert. Der Autor, ein ägyptischer Fellache und Zuckerfabrikant, berichtet darin über Kand (Sirup oder bereits stückiger brauner Zucker) und Melasse, den ablaufenden Zuckerhonig, den er in Krügen sammelte.

Indisches Melassebier

Wohl parallel zur ägyptischen Zuckerrohrraffinerie entwickelten auch die Inder Methoden, festen Zucker vom ablaufenden Sirup zu trennen. Beschrieben wird das in einem vom 7. bis zum Ende des 14. Jahrhunderts fortgeschriebenen, berühmten indischen Medizinlehrbuch. Hier heißt es auch, dass sich der Genuss von Melasse nicht mit gewissen anderen pflanzlichen oder tierischen Speisen vertrage. In seiner Heilwirkung besonders gelobt wird in der Schrift ein aus Melasse gewonnener berauschender Trank. Die Inder haben demnach wohl als erste herausgefunden, dass sich Melasse zu einer Art Bier vergären lässt.

Ein Melasseskandal

Wie in Indien waren Rohrzucker und Melasse auch in Ägypten in erster Linie Heil- und nicht Süßmittel. Davon zeugen erhaltene Texte, die darüber berichten, wie skrupellose Ärzte und Apotheker ihre Patienten betrogen, indem sie Melassen minderwertiger Qualität, die sauer schmeckten und übel rochen, mit giftigem Bleiazetat oder in Essigsäure gelöstem Bleiweiß klärten. Als dieser Schwindel aufflog, mussten Apotheker und Drogisten hinfort einen Eid schwören, keine bleihaltige Melasse zu verkaufen. Aber schon bald hatten sie eine andere Methode des »Schönens« gefunden: Qualitativ minderwertige Melassen verdünnten sie mit Wasser und stellten sie über Abortgruben. Der dort aufsteigende Schwefelwasserstoff bleichte sie. Enthielt die Melasse allerdings dennoch Blei, dann konnte es passieren, dass sich schwarzes Bleisulfid bildete. Zwar arbeiteten um 1500 allein im Großraum Kairo einige Dutzend Zuckerrohrmühlen, aber der Melassebedarf der ägyptischen Bevölkerung ließ sich nicht mehr allein mit einheimischen Produkten decken.

Reich durch den Export von Melasse

Zypern und Sizilien witterten kommerzielle Chancen, begannen ihrerseits mit dem Zuckerrohranbau und lieferten bald Rohrzucker und Melasse in das Land am Nil. Meli di Cannamelei, also nichts anderes als Rohrmelasse, wurde rasch zum Hauptprodukt des zypriotischen Handels. Und auf Sizilien entstanden zahlreiche neue Ortschaften, die sich ganz und gar der Melasseproduktion widmeten. Ihre Namen erinnern noch heute an diese Zeit: Melazzo, Mazzara, Mellili, Cannetta (Rohr) usw.

Schon früh, nämlich im 8. Jahrhundert, brachten die Araber das Zuckerrohr auch nach Südspanien, wo es bis heute angebaut wird. Allerdings wurde dort die alte ägyptische Raffinerietechnik wohl erst etwa im 13. oder 14. Jahrhundert bekannt. Bis dahin interessierte sie im Grund auch niemand, denn das Zuckerrohr galt kaum als Lieferant eines Süßmittels für die Küche, sondern als Heilpflanze. Gewonnen wurde der eingedickte Presssaft, und der fand fast ausschließlich Verwendung in der Medizin.

In Ägypten blühte – wie in vielen anderen Hochkulturen auch – die Korruption. So ist es nicht verwunderlich, dass unseriöse Apotheker und Ärzte ihre Patienten mit gepanschter Melasse betrogen.

Von der Heilung zum Genuss

Eine eigentliche Zuckerindustrie im Sinn der Süßmittelproduktion etablierte sich weltweit überhaupt erst im 13. und 14. Jahrhundert, und das hing mit einem sozialen Wandel in Italien zusammen: Die Zahl der Ärzte nahm ab, die der Spezereihändler aber zu. Zuckerbäcker kamen in Mode. Das Heilmittel wurde zum Luxusnahrungsmittel. Etwa ab dieser Zeit eroberten Zucker und Melasse – letztere jetzt ebenfalls als begehrtes Lebensmittel – auch Mitteleuropa, von Frankreich und England bis ins Baltikum. Ein großes Melassehandelszentrum entstand in Brügge. Als dann im 15. und 16. Jahrhundert die Türken bis auf den Balkan vordrangen, vernichteten sie die großen mittelöstlichen Zentren der Zuckerindustrie: Syrien, Ägypten und Zypern. Sizilien und Südspanien vermochten den wachsenden europäischen Bedarf nicht mehr allein zu decken. Die Zucker- und Melassepreise stiegen vorübergehend ins Unermessliche.

Das Zuckerrohr erobert die Welt

In dieser Zeit schlug die große Stunde der portugiesischen Zuckerrohrplantagen in Übersee. Die ersten davon hatte bereits 1450 Heinrich der Seefahrer auf Madeira anlegen lassen. Weitere folgten bald auf den Azoren, den Kanaren, den Kapverden und auf den Inseln im Golf von Guinea, nämlich São Tomé, Príncipe und Annobon, die alle in portugiesische Hand gefallen waren. Der Billigzucker aus diesen Kolonien führte wieder zur Preisnormalisierung in Europa.

Im Jahr 1600 war die Produktion von Zucker eine lukrative Industrie in den tropischen und subtropischen Gebieten Mittel- und Südamerikas. Sie war darüber hinaus die größte Industrie der damaligen Welt.

Marktführer Portugal

Wie groß die Plantagen auf den Inseln waren, belegt u.a. der erste, 1492 von Martin Behaim angefertigte Globus. Er weist Madeira als »die Insel, wo des Portugals Zucker wächst«, aus. Weltweit übernahm Portugal in der Herstellung von Rohrzucker und Melasse die Führung, und das nicht zuletzt dank der billigen Arbeitskräfte, denn auf den

So verbreitete sich Zuckerrohr

ca. 7000–6000 v. Chr.	Neuguinea
ab ca. 3000 v. Chr.	Verbreitung über den Pazifik und Indochina bis nach Indien
700 n. Chr.	Ägypten, Zypern, Sizilien
8. Jahrhundert n. Chr.	Spanien
ab 1450 n. Chr.	Madeira, Azoren, Kanarische Inseln, Kapverdische Inseln, Inseln im Golf von Guinea
1494	Haiti
ab 1500 n. Chr.	Mexiko, Brasilien, Kuba, Puerto Rico und weitere Inseln der Großen Antillen, Peru
Ende des 16./ Anfang des 17. Jahrhunderts	Paraguay, Argentinien, Guayana

Plantagen mussten schwarze Sklaven arbeiten. Diese brauchten keine teure Verpflegung, denn eines ihrer Hauptnahrungsmittel war die Melasse, die ihnen zugleich die erforderliche Kraft zum Arbeiten schenkte. Dass nämlich Melasse stark macht, das hatten bereits die alten Inder gewusst, die ihren Arbeitspferden Melasse als kräftigendes und gesundheitserhaltendes Futtermittel gaben.

Auch als Stärkungsmittel war Melasse in vielen Kulturen bekannt und beliebt. Es kräftigte nicht nur die Arbeitspferde der Inder, sondern ernährte auch Generationen von schwarzen Sklaven auf den Plantagen der Neuen Welt.

Kraftnahrung

Überhaupt war Melasse vom Mittelalter bis in die Neuzeit bei körperlich schwer arbeitenden Menschen ein beliebtes, weil überaus gesundes und kräftigendes Nahrungsmittel. Das wussten auch die portugiesischen und spanischen Seefahrer und Eroberer. Kein Schiff stach in See, das nicht größere Melassevorräte geladen hatte. Nur mit ihnen ließen sich auf den oft wochen- und manchmal monatelangen Reisen Mangelerkrankungen wie Beriberi oder Skorbut vermeiden. Medizinisch wusste man um die Ursachen solcher Leiden zu dieser Zeit zwar noch so gut wie nichts, aber die Seefahrer fanden heraus, dass sie ohne die tägliche Melasseration schwer erkranken konnten.

Verbreitung durch Kolumbus

Bereits der Entdecker der Neuen Welt, Christopher Kolumbus, ließ während seiner zweiten Amerikareise (von September 1493 bis Juni 1496) die erste Zuckerrohrpflanzung in der Neuen Welt anlegen, und zwar auf Haiti, dem damaligen Hispaniola. Er selbst schreibt dazu über einen Besuch der Insel im Jahre 1494: »Die kleine Menge Zuckerrohr, die man gepflanzt hat, gedeiht vortrefflich; entspricht die Güte der Schnelligkeit (des Wachstums), so werden die hiesigen Produkte denen von Andalusien und Sizilien in nichts nachstehen; ... Ihre Hoheiten wollen dem Don Juan de Fonseca befehlen, Sorge zu tragen, dass Zuckerrohr bester Art hierher abgeschickt werde.« Wenn die Seefahrt ferne Stützpunkte gründete, dann war es notwendig, an diesen Orten Zuckerrohr anbauen und wachsen zu lassen, dann musste dort Melasse als Schiffsproviant hergestellt werden.

Zuckerrohr erreicht die Karibik …

Mangelerkrankungen gehörten zu den schlimmsten Gefahren, mit denen die Seeleute der frühen Neuzeit zu kämpfen hatten. Monatelange Frischobst- und Gemüsekarenz, stark salzhaltiges Pökelfleisch und Schiffszwieback schadeten dem Vitamin- und Mineralstoffhaushalt der Seeleute und führten zu gefürchteten Mangelerscheinungen, die nicht selten den Tod zur Folge hatten.

Schon bald blieb der amerikanische Zuckerrohranbau nicht auf Haiti beschränkt. Velásquez brachte ihn 1511 nach Kuba. 1515 entstand die erste Rohrplantage auf Puerto Rico, und die anderen Inseln der Großen Antillen folgten. Schon kurz nach 1500 müssen Spanier auch in Mexiko Zuckerrohr angebaut haben, denn bereits 1522 berichtet der Seefahrer Oviedo, dass dort ganze Schiffsladungen Zucker erzeugt würden. Der portugiesische Seefahrer Pedro Alvares Cabral, der im Jahr 1500 Brasiliens Ostküste entdeckte, siedelte das süße Rohr dort an. Pizarro pflanzte Zuckerrohr in Peru, lange bevor es ihm 1532 gelang, dieses Land völlig zu unterwerfen. Schon drei Jahre zuvor waren die dortigen Plantagen so groß, dass Spanien sie mit schwarzen Sklaven versorgen musste.

… und Südamerika

In der zweiten Hälfte des 16. Jahrhunderts und im 17. Jahrhundert entstanden – vor allem unter den Jesuiten – in Paraguay, Argentinien und Guayana neue Zuckerrohrplantagen. Sie alle gelangten zu keiner

Vor 450 Jahren wurden schwarze Sklaven über das Meer verschifft und für die unangenehme und harte Arbeit auf den Zuckerrohrfeldern eingesetzt.

großen Blüte. Bedeutendster amerikanischer Zuckerrohrproduzent auf dem Festland wurde das portugiesische Brasilien, und das in erster Linie durch die Arbeit schwarzer Sklaven. Hatte man in den spanischen Gebieten während der Frühzeit des amerikanischen Zuckerrohranbaus zunächst die einheimischen Indios zu Sklavendiensten gepresst, so schlug bereits um 1517 ein spanischer Geistlicher und Nestor des Zuckeranbaus seinem König vor, »statt der körperlich schwach gebauten und deshalb für die schwere Arbeit in den Zuckerrohrplantagen und Bergwerken der Spanier weniger fähigen Indios aus Afrika Negersklaven einzuführen.«
Die Portugiesen bedienten sich der Arbeitskraft von Sklaven bereits zu Beginn des Zuckerrohranbaus, denn sie hatten mit der Arbeit der Schwarzen auf Madeira, den Kapverden und Sao Tomé sehr gute Erfahrungen gemacht und kannten die afrikanischen Sklavenmärkte ausgezeichnet.

Die großen Zuckerrohrplantagen und der gewaltige Bedarf an Zuckerrohrprodukten trugen auch dazu bei, dass der Handel mit Sklaven aus Schwarzafrika solch schreckliche Ausmaße annahm.

Alkoholisches aus Melasse

Gerade der portugiesische Zuckerrohranbau in Brasilien führte verstärkt zur Melasse- statt zur Zuckerproduktion. Das hatte gute Gründe. Die alten brasilianischen Rohrmühlen hießen Engenhos, ein Wort, das dieselbe Wurzel hat wie Ingenieur, und eben das Ingeniöse, das technisch Erfinderische beschreiben sollte. Den im Staatsauftrag arbeitenden Erbauern und Betreibern der Anlagen war es erlaubt, ein Drittel des erzeugten Zuckers und die gesamte bei der Produktion anfallende Melasse zu behalten. Natürlich bauten sie die Anlagen so, dass die Zuckerausbeute zugunsten der Melassemenge gering blieb. Das stellte sie andererseits jedoch wieder vor das Problem: Wohin mit diesen Naturaleinnahmen?
Es dürften ebenfalls Ingenieure gewesen sein, denen auch zur Verwertung des nützlichen Grundstoffs eine geniale Lösung einfiel. In dafür geeigneten Destillieranlagen brannten sie aus den Melassevorräten Schnaps. Bald brachten sie diesen Melassebranntwein in riesigen Mengen auf den Markt.

Die Entstehung von Rum

Zuckerrohr stellte durch seine enorme wirtschaftliche Bedeutung einen wichtigen Faktor für die Erschließung des mittel- und südamerikanischen Raums sowie der Karibik dar.

Die Sitte machte schnell auch in den anderen amerikanischen Zuckeranbaugebieten Schule. Zu einem bedeutenden Zentrum der Brennerei entwickelten sich die Kleinen Antillen, vor allem die Inseln St. Croix und Barbados, die Brasilien bald den Rang abliefen, nachdem von dort zahlreiche technische Experten auswanderten.
Bekannt wurde der zunächst stets braune Melassebranntwein im frühen 17. Jahrhundert in der britischen Marine unter der Bezeichnung »Rum«. Wie bei vielen Begriffen aus der Seefahrt ist die Herkunft des Worts unklar. Doch es fehlt nicht an Theorien zu seiner Entstehung. Nach einer soll das griechische »rhein« (fließen) Pate gestanden haben. Im Französischen heißt Rum noch heute »rhum«. Einer anderen Deutung zufolge habe man sich einfach der Endsilben der botanischen Bezeichnung für Zuckerrohr, nämlich Saccharum officinarum, bedient. Etwas sophistisch veranlagte Sprachforscher vermuten die Wurzel des Rums sogar im Sanskritwort »roma«, das nichts anderes als Wasser bedeutet. Wieder andere meinen, Rum sei eine seemännische Abschleifung des schon früher auf den malaiischen Inseln für gesüßten Branntwein verwendeten Begriffs »brum«. Am verbreitetsten unter den Sprachforschern ist schließlich die Auffassung, Rum stamme vom englischen Slangausdruck »rumbullion« für Krawall, Lärm oder Rummel (man denke an das deutsche Wort »Rumoren«), der unter angetrunkenen Seebären nun einmal nicht selten ist.

Marktführer Jamaika

Fest steht, dass Rum in der Gründerzeit der Melassebrennerei alles andere als ein standardisiertes Getränk war. Jeder Rum schmeckte und roch anders; und manche Rums waren so abscheulich, dass man sie mit frischem Anis oder Fenchelkraut erträglich machen musste, bevor sie sich trinken ließen. Das wurde erst etwas besser, als sich Ende des 17. Jahrhunderts die britische Rumindustrie auf Jamaika etablierte und in dieser Branche schließlich die Weltführung übernahm. Um 1775 produzierte allein diese Insel jährlich über 110 000 Hektoliter Rum.

Die Erfindung des Grogs

Rum war lang das klassische Seemannsgetränk. Es gehörte zur festen Tagesration jedes Matrosen, und das nicht, um die Crew bei Laune zu halten, sondern überraschenderweise zunächst aus gesundheitlichen Gründen. Im 17. Jahrhundert stand jedem englischen Fahrensmann täglich eine Gallone Bier (4,5 Liter) zu. Im Gegensatz zu gebunkertem Trinkwasser faulte es nämlich nicht, wurde also nicht zu einer Brutstätte lebensbedrohlicher Krankheitskeime. Lästig war aber, dass das Bier auf Fernreisen in tropische Länder bei den dort herrschenden hohen Temperaturen innerhalb weniger Wochen sauer wurde. Auf ihre tägliche Alkoholdosis wollten die fast durchweg trinksüchtigen Matrosen aber auch in diesen Gegenden nicht verzichten, und so trank man statt des Biers in Übersee Brandy (Weinbrand, Cognac) oder Rum. Die Seeleute bevorzugten letzteren, weil sie ihn für gesünder hielten. Die Ausgabe des Melasseschnapses war zunächst sehr großzügig bemessen: 1731 standen jedem Matrosen täglich 0,28 Liter zu. Als das zu heftiger Trunkenheit führte, mussten die Seeleute ab 1740 den Rum im Verhältnis eins zu vier mit Wasser verdünnen. So entstand der Grog.

Sprachforscher haben interessante Theorien entwickelt, woher der Begriff »Rum« wohl kommen mag; genau klären konnte man dieses Geheimnis bisher aber nicht.

Kampf um Melasse

Im Zug des immensen Aufschwungs der Zuckerrohrindustrie in Amerika seit der Stunde der Entdeckung des Kontinents durch Kolumbus wurde die Melasse zum Rückgrat des gesamten europäischen Überseekolonialhandels. Wichtigere Wirtschaftsgüter gab es nicht. Dabei kamen sich die einzelnen Kolonialmächte allerdings ins Gehege. Die Neuenglandstaaten, an der Ostküste Nordamerikas, verfügten wegen des raueren Klimas über keine eigenen Plantagen, wohl aber über viele Rumbrennereien. Also mussten sie Melasse aus dem Süden beziehen. Die dortigen Kolonien befanden sich aber nur zum geringen Teil in englischer Hand. Deshalb erließ die britische Krone 1733 auf Betreiben der Rohrpflanzer in den englischen Inselkolonien Westindiens ein Melassegesetz. Es sah vor, Zucker-, Melasse- und Rumimporte aus fremden Kolonien mit immens hohen Zöllen zu belegen.

Alkoholische Melassezubereitungen

▶ Genussmittel
Berauschender Melassetrank
Bierzubereitungen
Rum
Arrak

▶ Heilmittel
Melassealkohole werden als Grundlage für alkoholhaltige Medikamente (Tropfen) eingesetzt

Schmuggelware

Diese finanzielle Mehrbelastung im Handel hätte für die Neuenglandstaaten den wirtschaftlichen Ruin bedeutet, denn sie lebten von einem fest etablierten Dreieckshandel: Sie bezogen billige Melasse von den Westindischen Inseln, erzeugten daraus Branntwein und lieferten diesen teils nach Europa, teils nach Afrika. In Afrika erwarben sie aus dem Entgelt schwarze Sklaven, und mit diesen wiederum bezahlten sie offene Rechnungen auf den Westindischen Inseln. Diesem eingespielten System drohte durch das englische Melassegesetz der Zusammenbruch. Also hielt sich zunächst niemand an die neuen Vorschriften. Geschmuggelte Melasse überwog bei weitem die legalen Importe. Von 5,01 Millionen Kilogramm 1763 nach Massachusetts eingeführter Melasse waren 4,84 Millionen Kilogramm Schmuggelware. Nur 0,17 Millionen Kilogramm gelangten auf legealem Weg nach Massachusetts.

Schiffsführer, die versuchten, ihren Seeleuten die Rumration zu kürzen oder das Brauen von Bier aus Melasse zu unterbinden, oder Schiffsköche, die die Melasse in den Speisen zu knapp bemaßen, hatten einen schweren Stand. Denn die Matrosen kämpften hart um ihre Melasse.

Prominenter Auftraggeber

Zu den Schmugglern gehörten durchaus auch prominente Männer. Einer von ihnen war der bis heute in den USA als Nationalheld geltende und in der Zeit von 1789–1797 regierende Präsident George Washington. Ein Schreiben George Washingtons – an einen nach Westindien fahrenden Schaluppenkapitän adressiert – zeugt davon: »Mit diesem Brief kommt ein Neger (Tom), den ich auf irgendeiner der Inseln zu verkaufen bitte; welchen Preis er auch immer einbringen mag, liefern sie mir: ein Hogshed (334 Kilogramm) bester Melasse, ein Hogshed (238,5 Liter) besten Rum …«

Meilenstein zur Unabhängigkeit Amerikas

Als aber die englische Krone in einem zweiten Anlauf, mit dem Zuckergesetz von 1764, den bisher geduldeten Melasseschmuggel damit unterband, dass sie festlegte, Schiffe mit nicht erlaubter Fracht seien entschädigungslos zu enteignen, kam es zur offenen Auseinandersetzung. Sie begann mit Ausschreitungen radikaler Gruppen vor den Häusern behördlicher Vertreter Großbritanniens, und sie endete schließlich im amerikanischen Unabhängigkeitskrieg. John Adams, zweiter US-Präsident nach George Washington, kommentierte diesen Meilenstein in der Geschichte der USA später so: »Wir sollten uns nicht des Eingeständnisses schämen, dass die Melasse ein entscheidender Bestandteil der amerikanischen Unabhängigkeit gewesen ist. Manch großes Ereignis hat viel geringere Ursachen gehabt.«

Zu allen Zeiten waren Regierungen bestrebt, neue Steuerquellen zu erschließen, und ihre Bürger umso einfallsreicher, sie zu umgehen.

Steigende Produktion weltweit

Nach den Freiheitskriegen verlor die Melasse für Nordamerika aber dennoch ihre Bedeutung. Die jungen USA hatten andere Sorgen. Zentren des Melasse-, Zucker- und Rumhandels blieben indes die Kleinen und Großen Antillen sowie Mexiko und Brasilien. Daneben spielten jetzt auch Indien und Java eine gewisse Rolle auf dem Melassemarkt. Alles in allem lag die Melassewelterzeugung um 1800 bei rund 300000 Tonnen pro Jahr. Das scheint viel, ist es aber, gemessen an der heutigen Produktion, ganz und gar nicht. Inzwischen hat sich die Jahresmenge fast verhundertfacht, die ab 1802 erzeugte Zuckerrübenmelasse allerdings mitgerechnet.

Der bereits im 16. Jahrhundert erschlossene Zuckermarkt in Europa weitete sich ebenfalls rasch aus. Der Rohrzucker wurde vorzugsweise in Zuckersiedereien in den Hafenstädten weiterverarbeitet. Antwerpen (Belgien) stieg zum wichtigsten Handelsplatz zwischen den überseeischen Zuckerlieferanten und den Verbrauchergebieten sowie außerdem zum Raffineriezentrum auf. Diese führende Rolle ging 1625 auf Amsterdam, später teilweise auf Gent über. Die erste Rübenzuckerfabrik der Welt entstand 1802 in Niederschlesien.

Geschmuggelt wurden neben Melasse auch viele andere Güter, nicht zuletzt auch Sklaven.

Schwerer Stand in der Medizin

Worin der eine lästiges Unkraut erblickt, das sind für den anderen wertvolle Heilpflanzen. Man denke nur an Brennnesseln, Löwenzahn oder Schöllkraut. Aber auch an der Melasse scheiden sich die Geister. Dies gilt insbesondere auch für die Rohrmelasse. Die Auseinandersetzungen gehen indes weit tiefer, als man auf den ersten Blick denken würde. Es geht dabei um den uralten Streit zwischen akademischer Lehrmeinung der Biomedizin und empirischer Methode. An sich sollten diese beiden Standpunkte einander nicht widersprechen, betonen doch vor allem Naturwissenschaftler immer wieder, Empirie sei für sie der wichtigste Weg, neue Erkenntnisse zu erlangen. Manche Fachrichtungen halten sich auch strikt an diese Einstellung, z. B. die Physik, die Astronomie und die Biologie. Anders ist es offenbar in der Medizin. Pure Statistik genügt ihr nicht, solang es sich nicht um Ergebnisse handelt, die unter streng wissenschaftlichen, also künstlichen Bedingungen beweis- und begründbar sind. Eine Beispiel soll das verdeutlichen: der Streit um die Bedeutung und den möglichen Nutzen der Mistel.

Bis die Melasse ebenso wie die Mistel als Heilmittel anerkannt wird, ist noch ein langer Weg zurückzulegen. Aber auch ohne wissenschaftliche Anerkennung können Sie sich die gesundheitlichen Vorteile der Melasse zunutze machen.

Die Mistel – ein sagenhaftes Gewächs

Seit Urzeiten gilt die Mistel als heil- und zauberkräftig. Schon die Edda, die altgermanische Schöpfungsgeschichte, bezeichnet sie als Zweig des Heils, und die heilkundigen keltischen Priester, die Druiden, nannten sie die Allesheilende. Miraculix, allen aus der Comicserie »Asterix« bekannt, der für Asterix und seine rauflustige Sippe aus Misteln den berühmten Zaubertrank bereitet, ist keineswegs eine bloße Phantasiegestalt. Er hat legitime Vorfahren. Nicht nur bei Germanen und Kelten genoss die Mistel als Heilpflanze ein hohes Ansehen. Hippokrates, Plinius der Ältere und Theophrast von Hohenheim, besser bekannt unter dem Namen »Paracelsus«, schätzten sie, und die Arzneibücher des Mittelalters und der Neuzeit lobten sie ebenfalls in höchsten Tönen. Wäre so gar nichts an der Heilkraft der Mistel gewesen, dann hätte sich ihr Ruf als Wunderpflanze sicher in einer Zeit von rund zwei Jahrtausenden verflüchtigt.

Skepsis trotz guter Erfahrungen

Dennoch wuchs die Skepsis in der naturwissenschaftlichen Medizin so stark, dass im 19. Jahrhundert der Mistel als Heilmittel endgültig der Garaus gemacht wurde. Auch als 1907 der französische Arzt René Gaultier die blutdrucksenkende Wirkung der Mistel unabhängig von alten Überlieferungen medizinischen Wissens neu entdeckte und 1920 Rudolf Steiner, der Begründer der anthroposophischen Medizin, die Mistel wärmstens für die Krebstherapie empfahl und diesen Vorschlag zur Anwendung mit einer genauen Beschreibung ihrer Wirkung noch untermauerte, horchten Schulmediziner nicht auf. Im Gegenteil: Obwohl die Wirksamkeit der Mistel vielfach anerkannt wurde, wandten sich etablierte Ärzte von ihr ab. Noch 1993 liest man: »Wohl wegen des anthroposophischen Hintergrundes stößt der Einsatz (der Mistel) in der Krebstherapie auf große Skepsis. Zahlreiche Versuche und Studien sprechen aber für eine Tumorwirksamkeit.«

Ärzten und Biochemikern gelang es schließlich, die lang vermutete Wirksamkeit der aus der Mistel gewonnenen Substanz Lektin nachzuweisen: Das pflanzliche Lektin greift stärkend in die Regulation der Immunabwehr des Menschen ein.

Was heilt, was schmeckt oder was schadet, das wurde immer schon durch Ausprobieren herausgefunden. Gerade in der Medizin will man aber wissen, welche chemischen Zusammenhänge hinter einer Heilwirkung stehen, und das ist häufig schwierig herauszufinden, besonders wenn es sich um komplexe Systeme handelt.

Die Weiße Mistel ist eine einheimische Heilpflanze, die in der Naturheilkunde vor allem durch ihre abwehrstärkende, blutdrucksenkende und krampflösende Wirkung immer mehr an Bedeutung gewinnt.

Die Mistel in Volksmedizin und Mythologie

Die Kelten sahen in der Mistel die Verbindung zur unsichtbaren Welt, zum Unbewussten des Menschen und auch zur Seele des Baums, auf dem sie wächst. Magische Energien wie Schutzzauber und lebensverlängernde Kräfte galten auch in anderen Kulturen als die Eigenschaften der Mistel.

Es gibt zwei Gattungen der Mistel: die Viscaceae oder europäische Misteln, von denen es fast 50 Unterarten gibt, und die Lovantaceae oder tropische Misteln, von denen es sogar 500 Unterarten geben soll. Während erstere Dauerblätter besitzen, die überwintern können, werfen die tropischen Misteln ihre dunkelgrünen Blätter im Jahreszyklus ab.
In der Volksmedizin wird Misteltee zur Kreislaufregulation verwendet, die Heilige-Hildegard- oder Birnenmistel gegen Brust- und Lungenleiden, das Tabernamontanus-Mistelpulver für Kinder gegen Fallsucht und die Eichenmistel als Pulver zur Erleichterung der Geburt.
Eine fast noch größere Bedeutung erlangte die Mistel mit ihren magischen Eigenschaften im Brauchtum von Völkern. In der Frühzeit war sie Symbol für die Mondgöttin und den Wandel von Leben und Tod. Den Jägern galt sie als Symbol für Glück auf der Jagd. Das Mittelalter kennt die Mistel als magisches Mittel zur Dämonenabwehr, als Schutz vor Hexen, gegen den bösen Blick. Selbst in neuerer Zeit hat sie ihren Zauber nicht verloren: Gegen Kinderlosigkeit hängt man sie ins Schlafzimmer, der Mistelbrautstrauß verheißt Glück, und der Kuss unter einer Mistel soll sich liebende Menschen innig miteinander verbinden.

Die Mistel ist als Halbschmarotzer auf ihre Wirtspflanze angewiesen und besiedelt bevorzugt Nadelhölzer und weichholzige Laubbäume.

Natur kontra Chemie

Zitronen, Sanddorn, Kiwifrüchte oder anderes Obst und Gemüse erweisen Ihrem Körper hinsichtlich der Vitamin-C-Versorgung einen wesentlich größeren Dienst, als chemisch reine Askorbinsäure, die der Organismus – aus welchen Gründen auch immer – in dieser Form schlechter verwertet. Auch hier zeigt sich also, dass in Pflanzen noch mehr steckt als die einzelnen Inhaltsstoffe.

Die Naturheilkunde fordert immer wieder die ganzheitliche Betrachtung eines Menschen und damit auch seine ganzheitliche Heilung. Man muss also das Ganze und nicht nur seine Teile analysieren, um das Ganze zu heilen.

Chemie ist nicht gleich Leben

Das Ganze ist nun einmal mehr als nur die Summe seiner Teile. Der Mensch besteht zu etwa 62 Prozent aus Sauerstoff, zu 21 Prozent aus Kohlenstoff und zu zehn Prozent aus Wasserstoff. Dazu kommen Stickstoff, Kalzium, Phosphor und rund ein Dutzend weitere chemische Elemente. Ihre Anteile kennt man heute recht genau. Würde man die einzelnen Komponenten abwägen und sogar in den richtigen chemischen Verbindungen zusammensetzen, ein Mensch würde daraus dennoch nicht.

Das Ganze und die Teile

Das ganze Debakel liegt im naturwissenschaftlichen Weltbild. Was allein die Erfahrung lehrt, ist aus schulmedizinischer Sicht noch lang kein Faktum. Solange Inhaltsstoffe nicht klar analysiert und wissenschaftlich einwandfrei auf ihre pharmakologische Wirkung geprüft sind, tun sich Ärzte schwer, sie als Heilmittel einzusetzen, und das nicht nur aus rechtlichen Gründen.

Es ist äußerst fraglich, ob ein genau und methodisch einwandfrei arbeitender Naturwissenschaftler mit seinen Mitteln jemals auch nur ein von Menschen geschaffenes Kunstwerk begreifen kann. Ein Gemälde Rembrandts oder Goyas lässt sich zwar auf vielfältige Weise untersuchen, aber das kreative Element und die tatsächliche Motivation des Künstlers, durch die das Bild entstanden ist, wird dem Forscher dabei auf ewig verborgen bleiben.

Rückbesinnung auf die Intuition

Die permanente Suche nach Sicherheit ist eine Folge der Angst, jener Angst nämlich, der die westliche Welt verfiel, nachdem die alle Lebensbereiche mit nüchternem Geist vereinnahmenden Naturwissenschaften dem Menschen verboten haben, sich auf seine Gefühle, Instinkte und sein Urvertrauen zu verlassen. Vielleicht wird eines Tages die Naturwissenschaft sogar diese Gefühle wieder legitimieren, wenn es ihr gelingt, sie ebenso zu isolieren wie das Lektin ML-I aus der Mistel. Auf dem besten Weg dazu ist sie. Haben doch Experten unlängst das neue Forschungsgebiet der Psychoneuroimmunologie erschlossen, auf dem erste Nachweise gelungen sind, dass psychische Faktoren hochkomplexe Eiweißstoffe im Nervensystem erzeugen können, die ihrerseits als Transmittermoleküle im Immunsystem wirken und dieses negativ oder positiv beeinflussen können. Im Klartext: Angst macht krank, positives Denken und Lebensfreude machen gesund. Wird am Ende gar das Wunder der Heilung durch Gebete seinen wissenschaftlichen Segen erfahren? Wünschenswert wäre es wohl, denn dann können wir an unseren Glauben nicht nur glauben, dann können wir ihm wieder vertrauen, und das hat uns die Naturwissenschaft bisher verboten.

Die Naturmedizin bezieht die natürlichen Instinkte des Menschen, seine intuitiven Bedürfnisse und Empfindungen in die Behandlung mit ein.

Hoffnungsschimmer für Melasse

Die Mistel ist heute wissenschaftlich auf ihre medizinische Wirkung erforscht und damit entmystifiziert. Die Melasse ist das nicht. Und deshalb lässt sich ihre therapeutische Verwendung aus schulmedizinischer Sicht (noch) nicht rechtfertigen. Das Beispiel Mistel hat indes gezeigt, dass diese alte Heilpflanze Jahrtausende hindurch auch ohne den Segen der Ärzte Wunder wirkte. Hätte sich die Mistel auf keine so lange Tradition in der Volksmedizin stützen können, sie wäre auch in der heutigen Zeit chancenlos geblieben. Denn der Mensch dieser Zeit vertraut, je nach Veranlagung, nur auf zwei Dinge: entweder auf Altbewährtes oder auf wissenschaftliche Erkenntnisse. Auch für die Melasse besteht also noch Hoffnung.

Der Wunsch nach Kontrollierbarkeit

Das Verlangen nach chemischer Reinheit der Wirkstoffe ist übrigens keine Besonderheit der Schulmediziner und vieler Pharmazeuten. Es ist erheblich weiter verbreitet, als man denkt. Wie schwer fiel doch den Menschen die Erkenntnis, dass vom Menschen selbst geschaffene biologische Monokulturen (reine Fichtenwälder) weitaus krankheitsanfälliger als eine natürliche Mischvegetation mit ihrer gewaltigen Artenvielfalt sind. Niemand, der in seinem Garten Rosenrabatten in Reinkultur pflegt oder Gladiolen in Reih und Glied auf säuberlich gejätetem Boden pflanzt, sollte schulmedizinische Forschungsmethoden belächeln.

Und so mancher Politiker setzt sich heute zwar für gesunde Mischwälder in der Forstwirtschaft ein, weil er in der Schule oder auf der Universität oder einfach über die Medien gelernt hat, dass sie aus ökologischen wie ökonomischen Gründen wünschenswerter sind als Monokulturen. Dennoch ist derselbe Politiker noch immer ernsthaft der Auffassung, für Menschen selbst seien Monokulturen die einzig erstrebenswerte Gesellschaftsform.

Je mehr der Mensch auf seine Einzelteile (z. B. seine Organe und deren Funktionsfähigkeit) beschränkt wird, desto geringer ist die Chance auf eine umfassende, ganzheitliche Diagnose und auf die Heilung einer Krankheit.

Fragwürdige Monokulturen

Der seit dem Zeitalter der Aufklärung und damit der Verwissenschaftlichung in der westlichen Welt zutiefst verwurzelte Drang zur Monokultur auf allen nur erdenklichen Gebieten – nicht zuletzt in der Medizin – entspringt nichts anderem als dem ebenso tief verwurzelten Wunsch nach absoluter Sicherheit. Monokulturen sind schließlich überschau- und kontrollierbar.

Sie treten mit dem Anspruch auf, nicht nur die Natur, sondern auch den Menschen festlegen und innovative Tendenzen unterbinden zu wollen. Fragwürdig sind Monokulturen im Hinblick auf den Menschen deshalb, weil sie ihn vereinseitigen und damit in eine Form zu zwängen suchen, die ihn in der Entwicklung seiner Vielfalt einschränkt und seine individuellen Bedürfnisse und Begabungen auf eine einheitliche Lebensform ohne Spielraum reduziert.

Aus Melasse lassen sich viele gesunde Lebensmittel herstellen.

Verschiedenartigste Melasseprodukte

Über anderthalb Jahrtausende lang, nämlich seit dem ersten Zuckerrohranbau im alten Indien bis ins 13. oder 14. Jahrhundert, richtete sich das Hauptaugenmerk der Presssaft-, Rohrzucker- und Melassefabrikation auf die medizinische Nutzung der Produkte. Seit, ausgehend von Italien, der raffinierte Zucker als reiner Lebensmittelsüßstoff in den Mittelpunkt des Interesses rückte und dieser Gebrauchszucker ganz Europa eroberte, sank die Wertschätzung der Melasse zum bloßen Abfallprodukt der Zuckergewinnung ab. Das änderte sich aber wieder, als man in der Neuen Welt erkannte, dass sich aus diesem Nebenprodukt gewinnbringend Rum brennen ließ, und damit gelangte die Melasse wieder zu hohen kommerziellen Ehren. Daneben verwendete man sie – vor allem in Amerika und England – nach wie vor zum Würzen und Süßen im Haushalt. Zahlreiche, noch heute erhaltene Melassegebäckrezepte stammen aus dieser Zeit.

Das Leben der Seeleute war rau und gefährlich. Nicht nur die Unbillen des Meeres oder Piraten waren zu meistern, das größte Problem stellte die kontinuierliche Versorgung mit unverdorbener Nahrung und Getränken dar.

Melasse und die christliche Seefahrt

Wichtig wurde die Melasse aber vor allem in der Seefahrt, und das keineswegs allein in Form von Rum. Ohne die Melasse litten Matrosen auf langen Reisen an Mangelerkrankungen wie z. B. Skorbut. Um den Gehalt des schwarzen Sirups an Vitaminen, Mineralstoffen und Spurenelementen wussten sie damals freilich noch nicht. Aber sie kämpften um ihre Melasse, wenn es sein musste. Die Matrosen nahmen die Melasse allerdings meist nicht pur ein. Sie brauten Leichtbiere daraus, die wenig Alkohol enthielten, dafür aber alle wertvollen Inhaltsstoffe der Melasse aufwiesen. Die große Bedeutung dieser Melassebiere vom 17. bis ins 19. Jahrhundert blieb selbst den Lebensmittelhistorikern bis vor kurzem weitgehend verborgen.

Ersatzbier aus Melasse

Ihre Entstehung verdanken diese Biere der Tatsache, dass die ersten amerikanischen Kolonialisten in der neuen Heimat ihr gewohntes europäisches Bier schmerzlich vermissten. Hopfen und Malz standen ihnen aber nicht zur Verfügung. Also suchten sie nach einer Ersatzlösung und begannen, Biere mit Rohrmelasse und Sassafras (ein auch als Fenchelholz bekanntes Loorbeergewächs) sowie mit Kiefernsprossen als Würzstoffen zu brauen. Später verwendeten sie auch wilden Hopfen und weitere Zusätze wie Kleie, Honig, Ingwer, Tannenzweige oder verschiedene Kräuter. Das entstandene Gebräu schmeckte annehmbar und war dabei durchaus gesundheitsfördernd, denn neben den zahlreichen Wertstoffen der Rohrmelasse brachten die Kiefern- bzw. Tannensprosse Substanzen ein, die – wie wir heute wissen – wirksam bei der Arteriosklerosevorbeugung und -bekämpfung sind. Die billigen und schmackhaften Melassebiere erfreuten sich in den amerikanischen Kolonien großer Beliebtheit und wurden nicht nur in kommerziellen Brauereien, sondern auch in Privathaushalten erzeugt. Die Matrosen stellten sie sogar unmittelbar an Bord ihrer Schiffe her. Der gesamte Prozess dauerte manchmal kaum länger als ein oder zwei Tage.

Ebenso wie – vor dem Reinheitsgebot – für Bier aus Hopfen und Malz gab es auch für die Leichtbiere aus Melasse unendlich viele Rezepte. Verschiedenste Zusätze wie aromatische Hölzer, Gewürze und Kräuter, aber auch Tabakblätter sollten den Geschmack verbessern und erhöhten darüber hinaus auch den gesundheitlichen Wert der Melassegetränke.

Spezialrezeptur

Eines der berühmtesten Melassebierrezepte für Heimbrauer hat kein Geringerer als der amerikanische Staatsmann, Philosoph, Publizist und Erfinder Benjamin Franklin um 1785 protokolliert. Er geht dabei von einer Fichtensprossenessenz aus, deren Herstellung der Braumeister Leuch folgendermaßen beschrieb: »Auf den Rothtannen (Pinus abies) und auf den gemeinen Fichten (Pinus sylvestris) findet man zuweilen an den Ästen, theils an den Nadeln kleine Tröpfchen eines zuckersüßen Saftes. Besonders ist dies bei heißer Witterung der Fall, wo er ausschwitzt. Ebenso enthalten die jungen Sprosse der Fichten und Tannen, besonders die einiger nordamerikanischer Arten, außer harzigen und gewürzhaften Theilen etwas Zucker. Man zerstößt sie, presst den Saft aus (oder kocht sie vorher auch mit Wasser), kocht ihn

Ein gutes Bier zu brauen gehörte zum Statussymbol eines guten Haushalts und zeugte von Reinlichkeit der Hausfrau und der Bediensteten.

zur Sirupdicke ein, und bewahrt ihn in Flaschen auf, die man gut verkorkt. Er hält sich lange und verliert mit der Zeit allen Harzgeschmack. In Nordamerika nennt man diesen Auszug spruce extract (essence of spruce) ...« Auf diesem Extrakt fußt Franklins Bierrezept: »Für ein achtzig Flaschen fassendes Faß nimm einen Pot der Essenz (0,47 Liter) und 13 Pound (5,9 Kilogramm) Melasse oder die gleiche Menge Rohzucker, vermische sie mit 20 Pints (9,5 Liter) heißen Wassers, rühre bis zur Schaumabscheidung, gib das Ganze in ein Faß, das mit Wasser abgefüllt wird, gib ein Pint (0,47 Liter) gute Hefe zu, rühre gut um und laß zwei bis drei Tage gären; dann verschließe das Faß, das nach ein paar Tagen fertig ist, um es auf Flaschen zu ziehen, die fest zu verkorken sind. Laß diese zehn oder zwölf Tage in einem kühlen Keller. Danach wird sich das Bier gut trinken lassen.«

In vielen Ländern geschätzt

Solche oder ähnliche Melassebierrezepte gab es zu Hunderten. Auch der britische Weltumsegler James Cook hat in seinem Tagebuch Beispiele dafür hinterlassen, die von seiner Crew stammten. Seine Matrosen ließen Teeblätter mit dem Sprossenextrakt kochen, um dessen Geschmack zu mildern. Andere Quellen belegen, dass Sprossenbierrezepte auch in Devonshire, Cornwall und Yorkshire, mehr noch aber außerhalb Englands in Amerika, Schweden, Norwegen und Dänemark als Diätbier und Medizin hoch geschätzt wurden. Diese Biere seien »von weinartigem Geschmack, harntreibend, erfrischend, blutreinigend und vorzüglich nach Erkältungen sehr zuträglich.«

Warum Seeleute die Melasse liebten

- Melasse lässt sich zu einem guten Bierersatz verarbeiten und ersetzt das leicht sauer werdende europäische Bier
- Melasse ist die Grundlage für Rum
- Melasse wirkt dem Vitamin- und Mineralstoffmangel, bedingt durch schlechte Ernährung, entgegen
- Melasse verhindert Mangelerkrankungen

Nachschub aus der Karibik

Wie wichtig Melasse seit eh und je für die Seefahrt war, geht schon daraus hervor, dass bereits Kolumbus 1494 für seine Leute auf Hispaniola (Haiti) 50 Fässer Melasse aus Madeira anforderte. Noch im 19. Jahrhundert hat sich an der Bedeutung der Melasse auf See nichts geändert. 1840 berichtet der US-amerikanische Jurist Richard Henry Dana von einer zweijährigen Kreuzfahrt: »Donnerstag, den 25. Dezember. Dieser Tag war Weihnachten, aber er brachte uns keine Freizeit. Die einzige Abwechselung war, dass wir zum Mittag einen Rosinenpudding hatten. Die Mannschaft zankte mit dem Koch, weil er unsere gewohnte Ration an Melasse nicht herausgab, um sie dabei mitzuessen; wir ließen uns auf diese Weise aber nicht um unser Anrecht betrügen.«

Zum Glück sind die wertvollen Inhaltsstoffe der Melasse sehr widerstandsfähig, so dass Melasse auch als mit Hefe vergorene oder alkoholische Zubereitung, eingerührt in heißen Tee oder verbacken zu köstlichen Plätzchen, noch ihre gesundheitsfördernde Wirkung behält.

Vielfältige Melasseverwendung

Ein anderer Bericht erzählt von einer Fahrt des Walfängers »Catalpa« vom April 1875 bis zum August 1876. Für die lange Reise hatte das Schiff als Proviant u. a. Folgendes geladen: »70 Faß Mehl, 1100 Gallonen kubanische Melasse und zwei Riesenkisten Hutzucker«. Was die Mannschaft besonders liebte, war »Dandy Funk«, eine Spezialität, die es nur manchmal gab, einen »Leckerbissen aus pulverisiertem Dauerbrot, Melasse, Wasser, schön braun gebacken«. Für den Weihnachtstag ließ sich der Schiffskoch eine besondere Delikatesse einfallen. Er bereitete einen Pudding »aus Mehl, Wasser, Melasse, Waltran, Soda, Gewürzen und einigen Datteln«. Matrosen, denen das zu wenig war, ergänzten ihr Mahl: Sie »zerstießen Hartbrot zu Pulver und mischten es mit Melasse zu einem Brei.«

Verkennung der Tatsachen

Gegen Ende des 19. Jahrhunderts brach eine schlechte Zeit für die Melasse als Nahrungsmittel für den Menschen an. Nach wie vor brannte man zwar Rum und inzwischen auch den weißen Arrak daraus und man verfütterte sie an das Vieh, doch wie schon einmal betrachtete man sie im Großen und Ganzen nur noch als Abfallprodukt der Zuckerindustrie.

Vor allem die moderne Medizin machte Front gegen die Melasse, gleich ob sie von Zuckerrohr oder von Zuckerrüben stammte. Das äußerte sich schon in ihrer neuen Bezeichnung. In Statistiken wurde sie geringschätzig als denaturierter Zucker geführt, obwohl das einzig wirklich Denaturierte bei der modernen Zuckerraffination wohl eher der weiße Kristallzucker selbst ist. Die Rückstände sind es, die alle Wertstoffe des Rohrs enthalten. Auch die Erzeugung von Melassebieren geriet in Europa, außer in Frankreich, in Misskredit. Vor allem deutsche Brauer machten Front gegen die Biere aus Zuckerrohrsaft. Melasse sei »wie Zichorien statt des Kaffees, wie Runkelrübenblätter statt des Tabaks, es ist als ob man Käse bereiten wollte, ohne Milch dazu zu verwenden.« Und weiter: »Man kann nach der französischen Braumethode ein Getränk bekommen, aber nicht das, was ein althergebrachter Gebrauch unter dem Namen ›Bier‹ versteht.«

Glücklicherweise war die Weiterverarbeitung der Melasse billiger als ihre Entsorgung als wertloser Abfall. Sonst könnten wir uns heute vielleicht nicht mehr ihrer Wirkungen erfreuen.

Nutzung statt teurer Entsorgung

Einige wenige Autoren, die um die Wende zum 20. Jahrhundert auf den gesundheitlichen Nutzen der Melasse hinwiesen, wurden als verschrobene Außenseiter abgestempelt. Melasse galt nur noch als wertloser Produktionsabfall, und als solcher konnte er, nach allgemeiner Meinung, gar keine gesunden Inhaltsstoffe enthalten. Man musste ihn, weil er in großen Mengen anfiel, wohl oder übel irgendwie nutzen, wollte man ihn nicht unter unnötigem Geldaufwand entsorgen.

Renaissance der Melasse

Erst in jüngerer Zeit wächst generell das Bewusstsein, dass auch Produktionsabfälle durchaus Wertstoffe sein können. Das führte zu einer Renaissance der Melasse. Heute gilt sie als hochwertiger Rohstoff, allerdings nicht mehr wie früher als gesundes Nahrungsmittel. In erster Linie profitieren heute nicht Menschen, sondern Tiere von ihr. Hierbei macht man kaum Unterschiede zwischen Rohr- und Rübenmelasse. Die modernen Landwirtschaftsexperten wissen um die Fülle lebenswichtiger Stoffe in der schwarzen Masse. Weil reine Melasse zähflüssig und klebrig ist und sich deshalb schwer verteilen, lagern und verfüttern lässt, verwendet man in der Nutztierzucht vorwiegend in Melasse getränkte Rübenschnitzel. Auch als Kraftfutter für tragende Sauen empfiehlt der Experte Melasseschnitzel. Sie sättigen die Schweine, ohne dass diese unerwünschtes Fett ansetzen, und sie werden besser verdaut. In der Pferdefütterung hat Melasse ebenfalls ihren festen Platz. Die Gesundheit all dieser Tiere beeinflusst dieses Allein- oder Beifutter durchweg positiv. Doch den gesundheitlichen Wert für den Menschen bezweifeln die Schulmediziner nach wie vor.

Die Verfeinerung von Lebensmitteln war zu allen Zeiten das Bestreben von Köchen. Dass verfeinerte und raffiniertere Zubereitungstechniken oft den gesundheitlichen Wert der so zubereiteten Lebensmittel erheblich beeinträchtigen, wurde lange Zeit übersehen.

Produktion von Alkohol und Backhefe

Dass Melasse leicht gärt, zeigt sich bei ihrer Verwendung für die Produktion von Melassebieren, Rum und Arrak. Gärhefen verwandeln dabei den in der Melasse enthaltenen Restzucker in Alkohol. Diese Zucker sind unterschiedlicher Natur. Zusammenfassen lassen sie sich unter dem Namen »Saccharide«. Hefen der Art Saccharomyces cerevisiae können alle Saccharide verwerten. Zugleich besitzen sie eine bemerkenswerte Anpassungsfähigkeit.

Alkohol erzeugen sie als Stoffwechselprodukte nämlich nur dann aus den Zuckern, wenn sie diese ohne Sauerstoff verarbeiten. Wird ihnen Sauerstoff zugeführt, dann produzieren sie keinen Alkohol, vermehren aber ihre Zellsubstanz ganz ungemein. Was dabei herauskommt, ist Backhefe.

Vorgeschriebene Verhältnisse

Doch – zumindest in Deutschland – ist nicht alles, was biotechnisch möglich ist, juristisch auch erlaubt. Ein noch immer gültiges, im Grund aber veraltetes Gesetz schreibt vor, dass auf einen Liter durch Melassegärung gewonnenen Weingeist mindestens 750 Gramm Presshefe erzeugt werden muss, ganz gleich, ob der Markt Hefe in solch großen Mengen benötigt oder nicht. Eigenwillig ist auch, dass die Vorschrift ausschließlich für die so genannten Hefebelüftungsbrennereien gilt, nicht aber für die reinen Melassebrennereien, die gar keine Hefen produzieren.

Die Nutzung von Melasse übersteigt weit den Rahmen der Gesundheitsvorsorge durch Ernährung, die durch den »schwarzen Honig« unterstützt wird. Melasse lässt sich auch in der chemischen Industrie verwenden.

Weitere Anwendungsgebiete

Andere Nutzungsarten basieren ebenfalls auf Gärungsprozessen. So gewinnt man heute in zahlreichen Ländern der Welt in großem Umfang Zitronensäure durch das Vergären von Melasse. Ihr Einsatz ist sehr vielseitig: Die Lebensmittel-, speziell die Getränkeindustrie verwendet sie als Säuerungs- und Konservierungsmittel, die chemische Industrie als Weichmacher in Kunstharzen.
Andere Einsatzgebiete eröffnen sich in der Textil- und Lederindustrie, bei der Metallverarbeitung und in pharmazeutischen Fabriken. Ebenfalls durch Melassegärung entstehen Butanol, Azeton, Glyzerin, Milch-, Apfel- und Buttersäure, alles wichtige Grund- und Prozessstoffe für die chemische Industrie. Aus ihnen und zahlreichen anderen technischen Melassezwischenprodukten entsteht heute eine Vielzahl von Materialien und Produkten.

Des Offiziers Stolz ...

Eine heute nur noch statistisch bedeutsame industrielle Anwendung war der Melasse als Bestandteil von Lederglanzmitteln zwischen ca. 1840 und 1940 beschieden. In einer Zeitschrift von 1845 heißt es: »In neuester Zeit bedient man sich dazu zur Herstellung schwarzer Lederglanzwichse mit vielem pecuniärem Vortheil, dagegen mit anderen Nachtheilen im Gefolge der sehr wohlfeilen Melasse der Rübenzuckerfabrikation, obwohl dieses Mittel wegen seiner fremdartigen salzigen Bestandteile dazu eben nicht das Beste ist.« Mit den fremdartigen salzigen Bestandteilen sind die der Zuckerrübenmelasse eigenen Inhaltsstoffe gemeint. Die ursprünglichen, echten Melasselederwichse stammten aus Amerika und England und basierten auf Rohrmelasse.

1906 beteuerte eine Publikation der deutschen Zuckerindustrie: »Die Stiefelwichseindustrie ist ein größerer Melassekonsument, als man anzunehmen geneigt ist. Sie besitzt als eine sehr bedeutende Industrie die Vollwertigkeit einer chemischen Industrie.«

Besonders pflegende und imprägnierende Wirkung erreicht die Melasse in ihrer Anwendung als Schutz von empfindlichen wie stark strapazierten Lederprodukten.

... glänzende Schuhe dank Melassewichse

Verbreitet waren Melasseglanzmittel vor allem in England, Deutschland, Österreich-Ungarn, der Tschechoslowakei und in Russland. Produktionsdaten sind aus der Tschechei erhalten geblieben, wo noch zwischen 1922 und 1935 jährlich 4000 bis 5000 Tonnen Lederglanzmittel mit einem Melasseanteil von 20 bis 25 Prozent erzeugt wurden. Zu dieser Zeit war die Blüte der Melasseschuhwichse aber schon längst vorüber. Moderne, wasserfeste Schuhcremes auf Wachsbasis verdrängten die alte Stiefelwichse.

In ihren Rezepturen unterschieden sich die Melassewichsen je nach Hersteller allerdings in ganz Europa erheblich. Im Grund war ihnen allen nur ein einziger Inhaltsstoff gemein: eben die Melasse. Sie sorgte für die erforderliche Haftfähigkeit am Leder und für den erreichbaren Hochglanz beim Polieren.

Die zähflüssige schwarzbraune Melasse eignet sich nicht nur als Heilmittel, sondern hat viele, teilweise exotisch anmutende Anwendungsmöglichkeiten: Anfang des 20. Jahrhunderts wurden melassehaltige Produkte als Lederglanzmittel eingesetzt.

Möglichkeiten, Melasse technisch zu nutzen

- Aktivkohlen mit hohem Absorptionsvermögen
- Ammoniumsulfat, z. B. für die Düngemittelindustrie
- Anodenbefestigungsmassen bei der elektrolytischen Aluminiumerzeugung
- Appretur- und Schlichtmittel für die Textilindustrie
- Bindemittel für Isoliermaterialien
- Blausäure- und Zyanverbindungen für die Schädlingsbekämpfung und als Industrierohstoff
- Brennstoffe in Form von Bricketierungsmitteln
- Boden(struktur)verbesserer in der Landwirtschaft
- Bodendüngung, auch als Melasseasche
- Butandiol und Butanol als chemische Rohstoffe
- Buttersäure als chemischer Rohstoff
- Denaturierungsmittel für Kochsalz (Streu- und Viehsalz)
- Dextran für technische Zwecke
- Dichtungsmassen und Dichtmittel
- Essigsäure und deren Ester als chemische Rohstoffe
- Farbstoffe
- Feuerfeste Steine
- Fußbodenkleber
- Fumarsäure zur Herstellung von Polyestern und Apfelsäure
- Fuselalkohole (Fuselöle)
- Glanzmittel
- Glyzerin
- Gießerei-Formsandbinder
- Holztrocknungsmittel
- Itakonsäure als chemischer Rohstoff
- Kitte
- Klebstoffe
- »Kohlensäure« (CO_2 als Trockeneis)
- Kunstharze (Thermoplaste)
- Kunstleder
- Knochenkohle-Regenerationsmittel
- Kesselreinigungs- und -entkrustungsmittel
- Lederbearbeitungsmittel bei der Haarlockerung, Entschwellung, Lederbeschwerung und Chromgärbung
- Medizinische Kohle
- Metallgewinnungs- und -bearbeitungshilfsstoffe, z. B. zum Entbleien, Schwarzfärben von Eisen und Stahl und als Beize
- Oxalsäure
- Plastikmassen
- Pottasche, z. B. für die Glasindustrie
- Quelle gewisser chemischer Elemente, z. B. Rubidium
- Rattengiftpräparate
- Schädlingsbekämpfungsmittel
- Schmiermittel
- Schuhwichse
- Schwefelgewinnungs-Hilfsstoffe
- Seifen (Transparentseifen)
- Sparbeizen zum Entfernen von Rost und Zunder bei Eisen
- Sprengstoffe (Nitromelassen)
- Straßenbaustoffe (Asphaltmischungen mit Melasse und Schwefelsäure)
- Tennisplatzbefestigung
- Textilappretur- und -schlichtmittel
- Trockenbatterie-Elektrodenbindemittel
- Verschalungsanstriche im Betonhochbau
- Zementhärtungsverzögerer

Schädlingsbekämpfung

War die Stiefelwichse wirtschaftlich bedeutsam, so gelangte die Melasse während des deutschen Nazi-Regimes kurzfristig zu einem höchst dubiosen politischen Stellenwert. Schon lang vor Hitlers Tausendjährigem Reich stellten US-Unternehmen durch Pyrolyse von Melassenasche unter der Bezeichnung »Zyklon«, ein hochgiftiges Blausäureprodukt her, das sich hervorragend zur Schädlingsbekämpfung einsetzen ließ. Auch in Europa entstanden bald derartige Fabrikationsstätten, hier allerdings unter Einsatz von Zuckerrüben anstelle von Rohrmelasse. Zwei Fabriken in Deutschland stellten es in gewaltigen Mengen her und lieferten es an die Wehrmacht. Die schützte damit an der Front sehr effektiv ihre Soldaten gegen jede Art von Parasiten und Seuchen, darunter Typhus.

Blausäure ist ein anderes gefährliches und auf üble Weise zweckentfremdetes Produkt auf der Grundlage von Melasse.

Zum Töten missbraucht

Die Produktion von nur etwa einer Woche wurde zwischen 1941 bis 1943 abgezweigt. Sie betrug kaum mehr als 24 Tonnen. Die Zahl wirft ein Licht auf die gesamte Zyklonproduktion dieser Zeit, denn sie entspricht gerade einmal 0,15 Prozent. Angesichts der Tatsache, dass aber bereits 60 Milligramm Blausäure für einen Menschen tödlich sind, eigneten sich die 24 Tonnen zum regelrechten Völkermord, und genau dazu verwendete sie das Nazi-Regime in Auschwitz.

Melasse in der Kunststoffproduktion

Nach dem Krieg ist die Blausäureproduktion weltweit gewaltig weiter gestiegen, bis 1964 aus Melasse, danach auf petrochemischem Weg. Verwendet wird sie nach wie vor in der Schädlingsbekämpfung, daneben aber in großem Maß in der Galvanotechnik, in der Goldlaugerei, der Härtereitechnik und zunehmend in der organischen Chemie, etwa als Roh- und Zwischenprodukt für die Kunststoffsynthese. So besteht heute etwa ein Drittel aller Weichplastikteile im PKW, darunter die Armaturenbretter, substanziell aus Melasseprodukten.

Melasse in der Landwirtschaft

Neben der großen Vielfalt der technisch-chemischen Anwendung der Melasse nimmt sich ihr Einsatz als Nahrungs- und Heilmittel heute dürftig aus.

Einsatz als Futtermittel

Nach dem Zweiten Weltkrieg nahm der Fleischkonsum zunächst sprunghaft zu. Um die wachsenden Herden mit Futter versorgen zu können, entdeckte man auch die Melasse wieder.

Seit den fünfziger Jahren aber hat allein die Landwirtschaft vor allem in den USA, in Österreich, Deutschland, den Niederlanden und Südafrika diese Bedeutung wieder entdeckt. Als besonders wertvoll erweist sich dabei die Zuckerrohrmelasse, die gegenüber der Rübenmelasse wesentlich mehr so genannte Invertzucker, also Trauben- und Fruchtzucker, enthält. Doch auch Rübenmelasse hat sich als wertvolles Futtermittel erwiesen.
Flüssig wird Melasse unmittelbar verfüttert, als Hilfsmittel für die Grünfuttersilage oder als Denaturierungsmittel für Viehsalz verwendet; auch mit Zusätzen, d. h. mit Supplementen zum Mineralstoff- und Stickstoffgehalt und zum Wirkstoff- und Spurenelementebereich. Bewährt haben sich Melassemischfuttermittel. Hier unterscheidet man Melassefutter von den Melassemischfuttern. Unter Melassefutter versteht man Mischungen, die aus Melasse und einem Trägerstoff bestehen. Melassemischfutter sind Mischungen mit Melasse, bei denen mehrere Gemengeteile vorliegen, unter denen aber die Melasse die Wert bestimmende charakteristische Komponente ist. Wo die typische Prägung durch die Melasse nicht mehr besteht, spricht man von melassehaltigen Mischfuttermitteln.

Melassewunder im Kuhmagen

Eine kleine Sensation in der Landwirtschaft – der Präsident der südafrikanischen Farmbesitzergenossenschaft spricht vom »größten Aufbruch der Rinder- und Schafhaltung unseres Jahrhunderts« – bahnte sich an, als Biologen herausfanden, was die Futtermelasse im Verdauungssystem von Wiederkäuern zu bewirken vermag.

Der Vorgang ist biologisch ziemlich einzigartig und wird heute als Biosynthese von Eiweiß bezeichnet. Zusammen mit der Melasse lassen sich nämlich proteinreicher billiger Harnstoff und sogar Ammoniak verfüttern, die dem Organismus sonst nur schaden würden. Die Melasse erst sorgt dafür, dass beide für die Wiederkäuer verdaulich werden, und zwar über einen biologisch interessanten Umweg: Sie regt zunächst die Vermehrung der natürlichen Bakterienflora im Pansen ungemein an. Ihre Körpereiweiße aber gewinnen diese Bakterien aus dem Harnstoff oder dem Ammoniak. Sterben sie dann ab, so gelangen sie in andere Abschnitte des Verdauungsapparats der Wiederkäuer und liefern diesen ihrerseits biologisch hochwertiges Eiweiß.

Auch der Nahrung für Tiere müssen Vitamine und Mineralstoffe zugefügt werden, da auch ihre Ernährung durch den Einfluss des Menschen an wertvollen Inhaltsstoffen ärmer geworden ist.

Melasse für die Schafe

Der hohe Mineralstoffgehalt wirkt jeder Art einseitiger Ernährung, auch standortbedingt einseitigem Weidefutter, entgegen. Die Australier tragen dem u. a. dadurch Rechnung, dass sie auf ihren Farmen eingedickte Hartmelasse als Leckstein für die Schafherden auslegen. Große veterinärmedizinische Bedeutung wird der Melasse aufgrund ihres Spurenelemetegehalts zugebilligt. Als hervorragendstes Beispiel

Melasse bietet den Tieren wichtige Nährstoffe. In der Tierhaltung ist die richtige Ernährung der Tiere Voraussetzung für ihre Gesundheit und damit letztendlich auch für die des Menschen.

gilt die erfolgreiche Bekämpfung der gerade bei Schafen weltweit verbreiteten Kobaltmangelsymptome, die früher zu schweren Gesundheitsschäden führten.

Melasse für die Menschen

Bei den modernen Essgewohnheiten leiden wir vielfach unter Fehlernährung, besonders unter Mangel an jeder Art von Vitalstoffen.

Melasse und Zivilisationskrankheiten

Aus gutem Grund zählt man die Folgen einseitiger Ernährung zu den Zivilisationskrankheiten. Die Melasse kann ihnen wirkungsvoll entgegentreten. Hier und da gibt es Ansätze dafür, meist aber werden sie von der Schulmedizin lediglich belächelt. Das irritiert schon deshalb, weil sie die reine Melasse nicht als wertvolle Nahrungsergänzung oder gar als Heilmittel anerkennt, wohl aber über die pharmazeutische Industrie selbst Medikamente aus ihr gewinnt. Vielleicht liegt diese Schizophrenie auf derselben Ebene wie die bisherige Ablehnung der Mistel vor der erfolgreichen Isolation des Mistelwirkstoffs ML-I.

Bis ins 16. Jahrhundert blieb Zucker in Europa ein Luxusartikel, den sich nur ein Bruchteil der Bevölkerung leisten konnte. Gesüßt wurde stattdessen beispielsweise mit Honig. Heute schätzt man Melasse nicht als Ersatz, sondern als gesunde Aufbereitung von Speisen.

Immer noch auf dem Speiseplan

In einigen Ländern ist die Zuckerrohrmelasse niemals ganz aus der Küche verschwunden, etwa in den USA, auf den Westindischen Inseln und in der Schweiz. Hier und da werden stets Speise- oder Tafelmelassen angeboten, die sich von der Restmelasse der Zuckerfabrikation meist nur durch einen etwas höheren Zuckergehalt unterscheiden. Üblich sind hier u. a. auch Melassebonbons und Backwaren mit Melassezusatz. In Japan verwendet man Melasse seit Jahrhunderten in der Küche als Speisekulör und Sojasaucensurrogat. Und auch der landesübliche Reiswein Sake wird nicht selten wenigstens zum Teil aus Melasse fabriziert. In Italien und in der Schweiz benutzt man Melasse als Kaffeesurrogat, in Indien und Pakistan würzt man mit ihr Tabake.

»Brot der Armen«

In Notzeiten erinnerte man sich in vielen Ländern immer wieder an die preiswerte Melasse. Sie diente und dient noch heute hier und da als Braustoff, Backsirup, Brotzusatz, Keksersatz in »Schokolade«, Backfettsparmasse, Melassegrütze und sogar als Schlagcreme.

Preiswerte Kraftnahrung war die Melasse lange Zeit für all diejenigen, die sich eine vielseitige, ausgewogene Ernährung nicht leisten konnten.

Melasse in der Pharmazie

In neuerer Zeit entdeckt auch die Diätmittelindustrie die Melasse. Viele Diabetikerlebensmittel sind mit Rohrmelasse gesüßt, denn diese enthält statt der Saccharose – das ist der »normale« weiße Zucker – Frucht- sowie Traubenzucker.
Die pharmazeutische Industrie schließlich gewinnt aus Melasse oder über Organismenkulturen auf Melassebasis außer Alkohol für Tropfen auch Ephedrin zur Behandlung von Gefäßleiden, Schnupfen und Bronchialasthma, das Antibiotikum Penizillin, Riboflavin- und andere Vitamin-B-Präparate sowie Sterinderivate (beispielsweise Provitamin D).

Melasse und ihre Nebenprodukte

Als Nebenprodukte der Melasse sind die so genannten Paramelassen und Pseudomelassen zu nennen: Paramelassen sind Endsirupe (Muttersirup) aus der Produktion von sämtlichen Sacchariden, mit Ausnahme der Saccharose. Beispiele sind Milchzuckermelasse und (Mais-)Hydromelasse als Restablauf des Erstprodukts. Die Zusammensetzung der Milchzuckermelasse hängt von der Qualität der Ausgangsmolke ab und von dem vorangegangenen Käsereiverfahren. Im Originalzustand hat Milchzuckermelasse nicht die Konsistenz von Sirup, sondern ähnelt einer dicken Suppe, die durch Trocknung in einen haltbaren Zustand überführt werden muss, um als vitaminreiches Futtermittel Verwendung zu finden. Pseudomelassen sind keine Muttersirupe oder Restabläufe, sondern Hauptprodukte, aber von einer Beschaffenheit, die den echten Melassen sehr ähnlich ist. Sie sind unmittelbare Sirupe (z. B. Zitrusmelassen, Rübensirup).

Die Inhaltsstoffe der Melasse bleiben bis heute ein dunkles Geheimnis.

Melasse aus Rohrzucker unterscheidet sich chemisch in nur wenigen Merkmalen von der Melasse aus Rüben. Ungeklärt ist, warum der Geschmack dieser beiden Melassen so deutlich verschieden ist.

Melasse als Nahrung

Rohrmelasse oder Rübenmelasse?

Zuckerexperten wissen, was sie sagen, wenn sie bezweifeln, dass irgendjemand auf dieser Erde wirklich eine Ahnung davon habe, was Melasse tatsächlich sei.

In der Tat bereitet die Bestimmung der Zusammensetzung von Melasse nicht geringe Schwierigkeiten. Es scheint sich noch keine unanfechtbare praktikable Methode gefunden zu haben, mit welcher der Saccharosegehalt in der Melasse einwandfrei und genau bestimmbar ist. Melasse enthält eine Vielzahl von Substanzen, und diese beeinflussen das Analyseergebnis immer wieder. Heute behilft man sich damit, Melasse zu verbrennen und dann die Inhaltsstoffe der Asche zu bestimmen. Doch das ist eine unzulängliche Methode. Beim Verbrennen kommt es zu chemischen Reaktionen mit dem Luftsauerstoff, und anschließend lässt sich allenfalls der Gehalt an chemischen Elementen – soweit sie nicht mit den Verbrennungsgasen entwichen sind – ermitteln, nicht aber der Charakter der ursprünglich in der Melasse enthaltenen Verbindungen.

Kleiner Unterschied – große Wirkung

Noch problematischer wird es, wenn man versucht, die Inhaltsstoffe von Rohr- und Rübenmelasse miteinander zu vergleichen. Völlig rätselhaft ist beispielsweise, warum Rohrmelasse grundsätzlich anders schmeckt als Rübenmelasse. Aus der chemischen Analyse ergeben sich hierfür keinerlei einleuchtende Gründe.

Rübenmelasse enthält 49 Prozent Sukrose, wie die Zuckerexperten die Saccharose (also den weißen Zucker) auch nennen, Rohrmelasse nur etwa 40 Prozent. Dafür besitzt Rübenmelasse nur etwa ein Prozent Invertose (Trauben- plus Fruchtzucker), die Rohrmelasse aber 22 Prozent.

Höherwertiger Zucker im Rohr

Das ist der wesentlichste Unterschied. Aber Experten gehen davon aus, dass dies den verschiedenartigen Geschmack mit Sicherheit nicht bewirken kann. Der Wassergehalt beider Melassearten ist mit rund 20 Prozent ziemlich gleich. Der Ascheanteil beträgt bei der Rübenmelasse zehn Prozent, bei der Rohrmelasse jedoch nur acht Prozent, und die Inhaltsstoffe der Asche unterscheiden sich kaum qualitativ, teilweise aber in ihren Mengen.
Außerdem bestehen signifikante Differenzen im Gehalt an organischen Nichtsacchariden (also zuckerfremden Stoffen). Sie machen rund 20 Prozent bei der Rüben- und nur zehn Prozent bei der Rohrmelasse aus und setzen sich bei beiden aus verschiedenen stickstoffhaltigen Aminosäuren sowie stickstofffreien organischen Säuren zusammen. Auch hieraus ist jedoch für den Experten der krasse geschmackliche Unterschied nicht zu erklären. Nur eine in der Rübenmelasse reichlich vorhandene Komponente, das so genannte Betain, kommt in der Rohrmelasse gar nicht vor. Aber dessen Geschmack ist bekannt und spielt ebenfalls keine Rolle.

Die chemische Bestimmung der Melasseinhaltsstoffe ist schwierig. Selbst eine vollständige Aufklärung, welche Inhaltsstoffe in welcher Menge in der Melasse enthalten sind, könnte vielleicht nicht alle positiven Einflüsse der Melasse erklären.

Rohrmelasse ist gesünder als Rübenmelasse

Die Frage, was Melasse wirklich ist, bleibt also offen. Das gilt sowohl für die grundsätzlich etwas besser erforschte Rübenmelasse als auch für die Melasse aus Zuckerrohr. Aber die gesundheitsfördernde Wirkung der Rohrmelasse braucht auch nicht erst über Laborversuche erwiesen zu werden. Sie ist eine 100fach empirisch belegte Tatsache. Dabei fällt auf, dass trotz des im Großen und Ganzen ähnlichen Gehalts an Vitalstoffen die Rohrmelasse der Rübenmelasse überlegen ist. Möglicherweise ist der hohe Trauben- und Fruchtzuckeranteil dafür verantwortlich, der der Rübenmelasse fast vollständig fehlt; vielleicht hat es aber auch damit zu tun, dass Rohrmelasse chemisch generell sauer reagiert, während sich Rübenmelasse jedoch neutral bis alkalisch verhält, was für den menschlichen Organismus nachweislich von nicht unerheblicher Bedeutung ist.

Ergänzend zur Melasse führten viele Schiffe auch Sauerkraut mit sich. Es versorgte die Seeleute mit dem in der Melasse nicht enthaltenen Vitamin C.

Gesunde Vollwertkost mit Melasse

Als Christoph Kolumbus auf seiner zweiten Westindienreise auf Hispaniola (Haiti) die Stadt Isabella gründete, bestellte er unverzüglich für die von seiner Schiffsbesatzung dort zurückgebliebenen Kolonialisten aus Madeira die »beste und gesündeste Nahrung der Welt«: 50 Fässer Melasse. Er wusste um deren hohen gesundheitlichen Wert. Um die Frage zu beantworten, worauf dieser hohe gesundheitliche Nutzen beruht, ist es wichtig, zu wissen, wie sich Melasse zusammensetzt.

So ergab die Analyse eines Melassemusters folgende Werte:

- Saccharose 39,5 Prozent
- Invertzucker 11,5 Prozent
- Wasser 22,5 Prozent
- Organische Stoffe 17,5 Prozent

Eine detailliertere Analyse identifiziert die Minerale und Spurenelemente Chrom, Zink, Selen, Mangan, Molybdän, Nickel, Vanadium, Eisen, Kupfer, Magnesium und Phosphor, ferner die meisten Vitamine der B-Gruppe, mit Ausnahme des Vitamin B1.

Aus der Gegenüberstellung mit anderen Lebensmitteln ergibt sich folgendes Bild: Die wichtigsten Bestandteile der Melasse als Nahrungsergänzung sind Kalzium (mehr als in Milch), Eisen (mehr als in Eiern) und Kalium (mehr als in jedem anderen Lebensmittel).

Bestandteile roher Zuckermelasse

- Wasser: 18 bis 22 Prozent
- Saccharide: ca. 62 Prozent, davon 30 bis 40 Prozent Sukrose (Saccharose)
- Glukose (Traubenzucker) und Fruktose (Fruchtzucker): 17 bis 24 Prozent
- Organische Nichtsaccharide, darin stickstoffhaltige Aminosäuren wie Peptide und Glutaminsäure-N stickstofffreie organische Säuren und so genannte Gumms
- Anorganische Bestandteile (Asche): 6 bis 9 Prozent
- Kalium: 1900 bis 3300 Milligramm pro 100 Gramm
- Kalzium: 800 bis 1400 Milligramm pro 100 Gramm
- Magnesium: 200 bis 400 Milligramm pro 100 Gramm
- Eisen: 18 bis 28 Milligramm pro 100 Gramm
- Phosphor: 30 bis 50 Milligramm pro 100 Gramm
- Chrom, Aluminium in Spuren

Wertvolle Mineralien

Es fällt auf, dass Melasse dem menschlichen Organismus genau die Substanzen zuführt, die auch in der von vielen Naturheilkundlern praktizierten biochemischen Heilmethode verwendet werden. Die bei dieser Therapie in biochemischen Salzen zugeführten Metallionen, nämlich Kalzium, Kalium, Magnesium, Eisen, Natrium und Silizium, sind allesamt in der Rohrmelasse enthalten. Etwas pauschal könnte man also sagen: Alles, was die in den meisten Naturheilpraxen heute fest etablierte biochemische Heilmethode heilen kann, lässt sich auch durch schwarze Rohrmelasse heilen.

Reich an Aminosäuren

Doch das ist noch nicht alles. In der Melasse sind auch essenzielle Aminosäuren in reichlichen Mengen enthalten. Bei näherer Betrachtung zeigt sich, dass Melasse sieben der insgesamt elf essenziellen, also für den Menschen absolut lebensnotwendigen Aminosäuren enthält. Von den vier fehlenden benötigen wir eine nur im Säuglingsalter, und die drei anderen sind generell in Nahrungsmitteln reichlich vorhanden. Die in der Melasse enthaltenen nicht essenziellen Aminosäuren kann der Körper selbst erzeugen. Er ist also nicht unbedingt auf die Zufuhr von außen angewiesen. Aber gesundheitlich wertvoll sind auch sie. Sie zählen nämlich allesamt zu den Aminosäuren, die im Körper zu Vorsubstanzen der Glukose abgebaut werden, aus denen dann wieder Glukose aufgebaut werden kann. Wichtig ist das vor allem für die Aufrechterhaltung des Blutzuckerspiegels, etwa nach längerem Hungern, nach großen körperlichen Anstrengungen, in der Schwangerschaft oder bei der Rekonvaleszenz.

Als weitere gesundheitsrelevante Faktoren in der Melasse können neben Mineralstoffen und Aminosäuren die lebenswichtigen Vitamine genannt werden. Melasse enthält in unterschiedlichen Mengen die Vitamine A (Retinol, Retinal, Retinsäure), Vitamin D (Kalziferol) sowie alle Vitamine der B-Gruppe, außer dem Vitamin B1. Besonders reich ist Melasse an Pantothensäure.

Aminosäuren sind wichtige Eiweißbausteine, ohne die Leben nicht möglich wäre. Es gibt essenzielle Aminosäuren, die dem Körper von außen zugeführt werden müssen, und nicht essenzielle Aminosäuren, die er selbst herstellen kann.

Aufgrund ihres Vitamingehalts hilft Melasse besonders in Zeiten erhöhten Vitaminbedarfs, also etwa während der Schwangerschaft und in der Stillzeit, in den Wechseljahren, bei akuten Infektionen oder in der Rekonvaleszenz, bei allgemeinen Erschöpfungszuständen, nach großen körperlichen Anstrengungen, bei Stress, starken Umweltbelastungen, zu wenig Bewegung und bei Rauchern.

Organische Nichtzuckerstoffe

Substanz	**Anteil an den Nichtzuckerstoffen der Melasse in Prozent**	**Täglicher Bedarf für den Menschen**) in Gramm**
Threonin *)	0,10–1,16	0,5
Serin	0,38–0,67	
Glyzin	0,20–0,60	
Alanin	0,51–0,87	
Valin *)	0,26–0,40	0,8
Isoleuzin *)	0,48–0,63	0,7
Leuzin *)	0,45–0,61	1,1
Tyrosin *)	0,67–0,97	Abhängig von der Phenylalaninzufuhr
Phenylalanin *)	0,10–0,13	1,1
Asparaginsäure	1,20	
Glutaminsäure	1,10	
Gamma-Aminobuttersäure und Histidin *)	1,76	Nur im Säuglingsalter
Pyrrolidonkarbonsäure	8,2–14	

*) Essenzielle, d. h. für den Menschen lebensnotwendige Aminosäure

**) Die empfohlene Tageszufuhr beträgt jeweils das Doppelte

Gefährliche Mangelerscheinungen

Fehlt Vitamin B2 (Riboflavin), kann es zur Blutarmut (Anämie), zu Hornhauterkrankungen des Auges, Hautkrankheiten sowie Fruchtfehlbildungen während der Schwangerschaft kommen. Ein Mangel an Vitamin B6 (Pyridoxin) ist beim Menschen zwar selten, doch wenn er auftritt, äußert er sich ebenfalls in Anämie, Hauterkrankungen und vor allem in Störungen des zentralen Nervensystems. Pantothensäure sorgt für die Gesunderhaltung der Nebennieren und für eine normale Fettsäuresynthese und wirkt Reflexstörungen entgegen.

Mit Melasse die Zellen stabilisieren

Vitamin B12 (Kobalamin) regelt nicht nur den Salzhaushalt des Körpers, es ist auch wichtig für die Biosynthese der genetischen Bausteine RNA und DNA. Fehlt dieses Vitamin, dann sind zuerst Gewebe mit hoher Zellteilungsrate gefährdet, vor allem das Blut bildende Gewebe, was schließlich sogar zu perniziöser Anämie, einer Form schwerster Blutarmut, führen kann.

Lebenswichtige Enzyme

Warum sind Enzyme für den Organismus so wichtig? Zwar merken wir im täglichen Leben von der Aktivität der Enzyme kaum etwas, doch sobald irgendein Enzym plötzlich nicht mehr richtig arbeitet, bekommen wir diese Fehlfunktion zu spüren. Die Auswirkungen einer unzureichenden Enzymaktivität können sich recht unangenehm bemerkbar machen und sich manchmal sogar lebensbedrohlich auswirken. So paradox es klingen mag, aber der Körper des Menschen kann mit der aufgenommenen Nahrung, so wie sie ist, noch nichts anfangen. Damit er die Nährstoffe und die darin enthaltene Energie überhaupt nutzen kann, muss die Nahrung zuerst in ihre Grundbausteine zerlegt werden. Und diese Aufgabe wird u. a. auch von den Enzymen übernommen und erfüllt.

Eine der weiteren Vorzüge von Rohrmelasse liegt nun darin, dass sie vier Enzyme enthält, die die Voraussetzung für die Zuckerassimilation im Organismus bilden, sowie vier der wichtigsten ungesättigten Fettsäuren (so genanntes Vitamin F): Linol, Linolen, Olein und Palmitin. Linol ist essenziell, d. h. lebensnotwendig, und kann vom Körper selbst nicht aufgebaut werden. Die ungesättigten Fettsäuren spielen zur Regulierung des gesunden Wachstums eine Rolle, beugen Arteriosklerose vor und wirken damit Herz-Kreislauf-Erkrankungen entgegen. Fehlen sie, ist das wahrscheinlich ein Mitauslöser der Zuckerkrankheit. Aus all dem wird deutlich, dass Melasse also kein Wunderheilmittel ist, dessen Wirkungsweise unerklärbar wäre. Es ist durchaus bekannt, warum Melasse in hohem Maß gesundheitsfördernd und heilend ist.

Durchblutungsstörungen werden u. a. dadurch verursacht, dass kristalline Ablagerungen die kräftigeren Arterien verengen und poröse Gefäßwände die dünnwandigen Venen schwächen. Folgen sind Gefäßverkalkungen und mit Krampfadern Flüssigkeitsaustritt in angrenzende Gewebe.

Krankheiten des Blutgefäßsystems

Viele Gefäßleiden haben ihre Ursache darin, dass die Adern ihre Elastizität verlieren und das Blut deshalb nicht ungehindert fließen kann. Zudem neigen Arterien, deren Innenwände spröde werden und deshalb nicht mehr glatt sind, verstärkt zur Verkalkung. Folgewirkungen sind u. a. Bluthochdruck in den Gefäßen und eine mangelhafte Blutversorgung der Herzkranzgefäße, die zu Angina pectoris und Herzinfarkt führen können. Durch die Überforderung des Herzes kann es zu einer Herzschwächung kommen. Die verschlechterte Blutzirkulation und die dadurch bedingte schlechte Sauerstoffversorgung verhindert die Beseitigung von Stoffwechselabfallsubstanzen und schädigt so den Zellstoffwechsel. Vor allem Leber und Nieren werden dadurch in Mitleidenschaft gezogen, und auch rheumatische Beschwerden gehören zu den Folgeerscheinungen. Die Melasse liefert die nötigen Mineralstoffe, um die Gefäßwände elastisch zu halten. Sie enthält zugleich den Herzmuskel stärkende Substanzen und Magnesium als wesentlichen Antikrampfstoff.

Der Mineralstoff Kalium ist wichtig für die Informationsübertragung an den Schnittstellen der Nerven; Magnesium sorgt dafür, dass das Herz im Takt bleibt und verhindert Muskelkrämpfe. Auch manche Migränepatienten machen gute Erfahrungen mit Magnesium.

Melasse stärkt die Venen

Wichtig sind gesunde, elastische Aderwände, aber nicht nur bei den Arterien, sondern auch für die Venen. Eine ausgeprägte Venenschwäche, die zu schmerzenden Beinen und zu Krampfadern führt, kann das Leben sehr unangenehm machen. Sogar Thrombosen vermag Melasse vorzubeugen oder in manchen Fällen auch zu heilen, denn sie enthält in hohem Maß Kalium, das Mittel der Naturärzte, um die Gefäßfunktion zu verbessern und den Blutfluss zu normalisieren.

Erkrankungen des Blutgefäßsystems

- Arteriosklerose
- Bluthochdruck
- Schlaganfall
- Angina pectoris
- Herzschwäche
- Krampfadern
- Hämorrhoiden
- Herzinfarkt

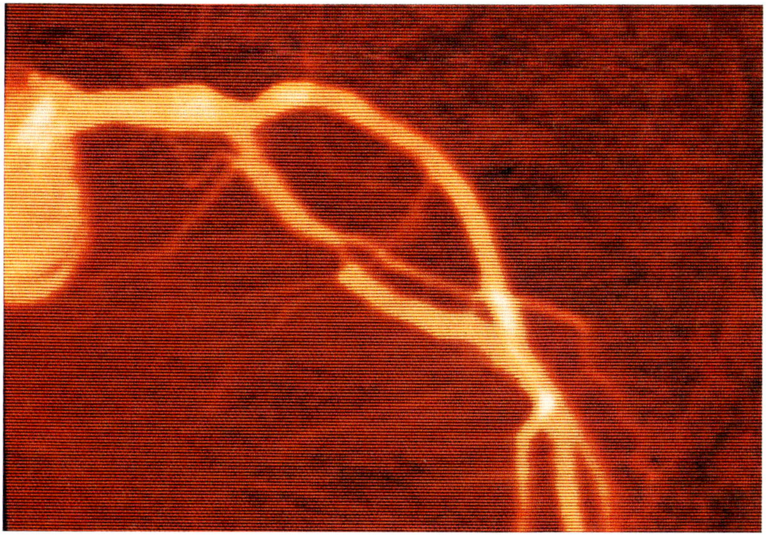

Voraussetzung für eine gesunde Durchblutung ist die uneingeschränkte Funktionsfähigkeit von Venen und Arterien. Erst sie ermöglicht, dass das Blut ungehindert in den Adern fließen kann.

Hoher Eisengehalt hilft gegen Blutarmut

Heilsam ist Melasse aufgrund ihres hohen Eisenanteils und wegen ihres Gehalts an B-Vitaminen schließlich auch bei Blutarmut, und zwar sowohl bei der »normalen« wie bei der perniziösen Anämie. Melasse ist den in solchen Fällen verordneten reinen Eisenpräparaten aufgrund ihres Mineralstoffreichtums nachweislich überlegen.

Haut- und Schleimhauterkrankungen

Hauterkrankungen lassen sich in zwei große Kategorien einteilen:

- Hautkrankheiten, die organische Ursachen haben, wie generelle Dermatosen, trockene und feuchte Ekzeme, Formen der Psoriasis (Schuppenflechte), Furunkel und Geschwüre der Epidermis wie der Schleimhäute, akute und chronische Schleimhautreizungen und verschiedene andere Erkrankungen
- Hauterkrankungen, die psychosomatische Ursachen haben, wie Stress, Angst oder Depressionen

Alle Hautkrankheiten belasten früher oder später auch die Psyche, da sich die Betroffenen häufig wegen ihres Aussehens schämen. Je schneller sich das Hautbild bessert, umso geringer ist die Gefahr, eine Depression zu entwickeln.

Haut- und Schleimhauterkrankungen

- Allgemeine Dermatitis
- Ekzeme
- Psoriasis
- Defekte von Fingernägeln und Haaren
- Nebenhöhlenentzündung
- Schnupfen und Bronchitis
- Vermutlich Parodontose
- Schwer heilende äußere und innere Geschwüre, darunter beispielsweise auch Magen- und Darmgeschwüre und möglicherweise sogar Magen- und Darmkrebs
- Offene Hautverletzungen, Operationswunden und Narben

Melasse wirkt in beiden Fällen positiv, indem sie zum einen die Haut direkt beeinflusst, zum anderen das Nervensystem stabilisiert und damit die psychosomatischen Ursachen beseitigt oder abschwächt.

Heilerfolge bei organisch bedingten Hauterkrankungen beruhen mit großer Wahrscheinlichkeit in denjenigen Melasseinhaltsstoffen, die die Erzeugung von Eiweißen verbessern. Zudem fördern Kalium und Vitamine der B-Gruppe, vor allem B2, B6 und B12, die in Melasse ebenfalls reichlich enthalten sind, die Granulation. Gerade Vitamin B12 ist es, das die Regeneration verletzter Haut – gleich ob offene Geschwüre, Wunden oder verheilende Operationsnarben – besonders fördert. Zur positiven Wirkung der Melasse auf die Haut generell zählt auch ihr Heileffekt bei Augenhornhaut-Erkrankungen oder Schleimhautproblemen verschiedenster Art, von Nebenhöhlenentzündungen über Schnupfen bis hin zu Bronchialbeschwerden.

Vitamin-D-Mangelerscheinungen sind Rachitis und andere schwere Mineralisationsstörungen des Skelettsystems, die Deformation der noch weichen Knochen von Heranwachsenden und Knochenentkalkung bei Erwachsenen.

Skeletterkrankungen

Mangelhafte Knochenbildungen bei Jugendlichen sind ebenso wie Knochenentkalkung und ähnliche Probleme bei Erwachsenen und vor allem alten Menschen fast immer eine Folge von gestörtem Kalziumstoffwechsel. Nicht immer liegt dabei aber Kalziummangel vor. Manchmal findet kein normaler Kalziumeinbau in die Knochen statt. Andererseits kann auch ein übermäßiges Kalziumangebot zu Schäden führen. Das Kalzium in der Melasse wirkt ähnlich wie die Kalziumpräparate der Homöopathie. Es reguliert den Kalziumhaushalt des Körpers. Das ist nicht zuletzt auf die Präsenz der Vitamine A und D zurückzuführen, die hier das Kalziumoxid der Melasse in seiner Wirkung unterstützen. Aufgrund des Vitamin-B12-Gehalts fördert die Melasse aber auch die gesunde Entwicklung der Blut bildenden Gewebe des Knochenmarks.

Ein Mangel an Vitamin A führt zu Nachtblindheit, zu Gewebeschwund und zur Verhornung von Haut und Schleimhaut, die dann leichter durch Mikroorganismen angegriffen werden. Es kommt auch zu Störungen des Wachstums und der Knochenbildung sowie zu Fehlbildungen beim ungeborenen Kind.

Linderung bei Arthritis, Arthrose und »Rheuma«

Dass Melasseinhaltsstoffe nicht nur die Zusammensetzung der Knochen und damit ihre Widerstandsfähigkeit regulieren, sondern auch einen positiven Einfluss auf die Knorpelbildung beim Heranwachsenden und in manchen Fällen sogar auf die Knorpelregeneration beim Erwachsenen ausüben, erklärt schließlich ihre Wirksamkeit bei Gelenkveränderungen wie Arthritis und Arthrose. Hier ist vor allem an die Prophylaxe zu denken. Bei rheumatisch bedingten Gelenkleiden wiederum hilft die Melasse aufgrund ihres positiven Einflusses auf das Blut bildende Gewebe und insbesondere auf den Zellstoffwechsel. Harnsaure Ablagerungen in Gelenken werden verhindert oder gehen sogar zurück.

▶ Melasse lindert Skeletterkrankungen wie Arthritis, Arthrose, Osteoporose und Knorpelrückbildungen.

Stoffwechselkrankheiten

Stoffwechselkrankheiten beeinflussen zum einen die reguläre Verdauung, zum anderen den Zellstoffwechsel. Beide gehören aber funktionell zusammen. Eine schlechte Verdauung kann keinen gesunden Zellstoffwechsel nach sich ziehen. Melasse ist eine ausgezeichnete Verdauungshilfe. Einerseits unterstützt sie die Magentätigkeit, andererseits enthält sie eine Fülle jener Inhaltsstoffe, die unseren »modernen« Lebensmitteln, vor allem dem Auszugsmehl, dem weißen Zucker oder dem häufig tot gekochten und damit seiner Mineralstoffe und Vitamine weitgehend beraubtem Gemüse, fehlen. Unregelmäßigkeiten in der Verdauung, gleich ob es sich um eine chronische Verstopfung, häufige Durchfälle oder entzündliche Darmerkrankungen handelt, sind zum größten Teil als Zivilisationskrankheiten anzusehen, die nicht zuletzt auf eine unausgewogene Ernährung und mangelhafte Bewegung zurückzuführen sind. Melasse schafft hier ein Gegengewicht.

Süßes ist an sich nicht schädlich, die Crux ist nur, dass Zucker bei seiner Verarbeitung die wertvollen Inhaltsstoffe wie Mineralien, Vitamine und Ballaststoffe verliert. Sie bleiben in der Melasse zurück.

Chrommangel bei Diabetes mellitus Typ II

Experten sprechen vom Typ-II-Diabetiker, weil der Stoffwechseldefekt oft im vierten Lebensjahrzehnt auftritt. Ausgelöst wird diese Krankheit von zu viel (vermeintlich) gutem Essen und durch zu wenig Muskelarbeit. Zwar kann man einer Erkrankung durch (wirklich) gesunde Ernährung entgegenwirken, indem man reichlich Kohlenhydrate aus Getreide, Obst und Gemüse isst, eiweißreiche Lebensmittel nur in kleinen Mengen zu sich nimmt, bei Süßigkeiten und Alkohol Maß hält und mit Fett äußerst sparsam ist. Aber zur Nahrungsergänzung empfiehlt sich auch chromhaltige Melasse, da mittlerweile feststeht, dass der Diabetes mellitus Typ II nicht selten eine Folge von Chrommangel ist. Bekannt ist das seit 1959, als herausgefunden wurde, dass das menschliche Blut eine organische Chromverbindung enthält, die als Glukosetoleranzfaktor bezeichnet wird. Chrom wirkt ähnlich wie ein Vitamin und muss, da es sich in seiner Funktion verbraucht, stets nachgeliefert werden. Eine Menge von etwa 0,1 Milligramm pro Tag reicht aus. Die aber muss gewährleistet sein, soll der Mensch nicht an Diabetes mellitus Typ II erkranken. In der Rohrmelasse ist dieser Stoff enthalten; ebenso übrigens in den aus Melasse gewonnenen Hefen (Back- und Bierhefe). Der Glukosetoleranzfaktor bewirkt, dass das von der Bauchspeicheldrüse ins Blut ausgeschiedene Insulin überhaupt erst zur Blutzuckerregulierung wirksam wird. Ist das nicht der Fall, dann kommt es bei Zuckerkonsum zur krankhaften Blutüberzuckerung. Die Bauchspeicheldrüse – genauer gesagt, die in sie eingelagerten Drüsen namens Langerhanssche Inseln – versucht, verstärkt Insulin zu produzieren und wird damit im Lauf der Zeit derart überstrapaziert, dass sie ihrer Aufgabe nicht mehr gewachsen ist.

Stoffwechselkrankheiten

- Chronische Verstopfung (Obstipation)
- Zuckerkrankheit (Diabetes mellitus)
- Fettstoffwechselstörungen bis hin zur Fettsucht
- Gallen- und Blasenleiden, besonders auch Steinbildungen

Chrommangel und Übergewicht

Generell stellt sich bei Chrommangel ein erhöhter mittlerer Insulinspiegel im Körper ein, und der wiederum hat unausweichlich Übergewicht zur Folge, meist lang bevor ein tatsächlicher Diabetes diagnostiziert wird.

Insulin ist als Hormon hauptverantwortlich für die Fetteinlagerung im Gewebe. Indirekt bewirkt der reine weiße Zucker die unerwünschten Pfunde. Ihm nämlich fehlt jegliches Chrom, das ihn im natürlichen Stoffverbund des Zuckerrohrs und auch der Zuckerrübe stets begleitet. Über hohen Zuckerkonsum kommt es – bei Chrommangel – unausweichlich zu einem erhöhten Insulinausstoß und damit auf Dauer zu Gewichtsüberschuss.

Chrom findet sich außer in Melasseprodukten wie beispielsweise der Bierhefe auch in Fleisch und Vollkorn.

Ballaststoffmangel entgegenwirken

Chrommangel allein ist aber noch nicht alles. Vielen »modernen« Lebensmitteln fehlt es weitgehend an Ballaststoffen. Weißer Zucker enthält gar keine. Ein solcher Mangel beschleunigt die Aufnahme des Zuckers über den Darm. Er gelangt schnell ins Blut und sorgt deshalb für besonders hohe Insulinspitzenbelastungen des Organismus.

Isolierter Zucker ohne den natürlichen Stoffverbund in Früchten oder im Zuckerrohr führt im Körper zu einer Enzymproduktion, die dafür sorgt, dass sich rund die Hälfte des Zuckers in Fett verwandelt. Wird dieses nicht durch reichliche Körperbewegung wieder abgebaut, dann ist das »Dickwerden« programmiert. Auch hier wirkt Melasse durch die Zufuhr der dem weißen Zucker abhanden gekommenen natürlichen Begleitstoffe sehr hilfreich.

Wer regelmäßig Melasse zu sich nimmt, verliert erfahrungsgemäß mit der Zeit seinen Heißhunger auf Süßes.

Belastung der Gefäße

Der Überschuss an reinem, d. h. ballaststofffreiem weißem Zucker im Körper führt schließlich auch zu einer verminderten Gallensäureausscheidung durch den Darm, wodurch sich der Blutcholesterinspiegel erhöht. Das bereitet den Weg für die Entstehung von Arteriosklerose, die letztendlich zu einem Herzinfarkt oder Schlaganfall führen kann. Eines bleibt noch zum Thema »Zucker« zu sagen: Ohne natürliche – z. B. chromhaltige – Begleit- und Ballaststoffe eingenommen, macht er süchtig. Die durch ihn hervorgerufenen Insulinpeaks erwecken Appetit auf noch mehr Süßigkeiten. Melasse steuert auch dem entgegen.

Vorsicht, Steine

Durch die einfachen Zucker in Lebensmitteln wie Teigwaren, Weißbrot, Kuchen, Gebäck und süßen Getränken kann dem Körper Chrom entzogen und bereits damit der Stoffwechsel beeinträchtigt werden. Aber auch körperliche Aktivitäten sowie Infektionskrankheiten fordern erhöhte Chromrationen.

Eine weitere Art der Stoffwechselerkrankung äußert sich in Steinleiden der Nieren, der Blase und der Gallenblase. Die Steine sind Folgen eines gestörten Mineralstoffhaushalts, dem, so lehrt die Erfahrung, die Melasse – in Kombination mit anderen natürlichen Heilmitteln wie reichlich Petersilie- oder Selleriesaft und bei Gallensteinen auch Olivenöl oder so genanntem Haarlemöl – ebenfalls entgegenwirken kann. Wichtig in diesem Fall ist auch eine erhöhte Flüssigkeitszufuhr. Die genauen Zusammenhänge sind hier noch nicht geklärt, vermutlich spielt aber das in der Melasse enthaltene Kupfer dabei eine Rolle.

Avitaminosen

Gemeint sind hier natürlich nicht Vitaminmangelerkrankungen schlechthin, sondern speziell der Mangel an den Vitaminen A, D, und denen des B- Komplexes. Diese Vitamine sind sehr hitzebeständig und deshalb in der Melasse unverändert enthalten, obwohl deren Herstellung über einen Prozess hoher Erhitzung erfolgte. Deshalb kann Melasse auch bedenkenlos in heißem Wasser oder Tee aufgelöst, in Speisen mitgekocht oder als Zusatz von Backwaren verwendet werden, ohne ihren gesundheitlichen Wert zu verlieren.

▶ Melasse bekämpft Avitaminosen, besonders bei: hoher körperlicher Belastung, Erschöpfung, in den Wechseljahren und während der Schwangerschaft

Nervenleiden

Jede Form der Unruhe, Gereiztheit, Unlust oder Angst kann ein Zeichen von Nervenschwäche sein. Einzelne nervöse Störungen sind als Warnsignale ernst zu nehmen, da sie den gesamten Organismus in Mitleidenschaft ziehen können. Da nach Einnahme von Melasse eine Stabilisierung der psychischen Verfassung festzustellen war, kann man Melasse einen günstigen Einfluss auf das Nervensystem zuschreiben. Gewiss spielt hier die das gesunde Zellwachstum fördernde Wirkung von Vitamin B12 eine Rolle, wahrscheinlich aber steht dabei die Wirkung der Mineralstoffe und Spurenelemente sowie der Pantothensäure im Vordergrund. Praktisch erwiesen ist, dass es diesen günstigen Einfluss gibt. Es fehlt nicht an Berichten, die eine deutliche Besserung von Neurosen, Depressionen, Ängsten und allgemeiner Nervosität und innerer Unruhe nach regelmäßigen Melassegaben dokumentieren.

Psyche, Nerven- und Immunsystem sind miteinander verknüpft und beeinflussen sich gegenseitig. Dadurch besteht indirekt auch ein Zusammenhang zwischen Melasse und Seelenleben.

Gerade in extremen Situationen, sei es in der Freizeit oder im Beruf, ist es wichtig, Ruhe zu bewahren und die Nerven zu behalten.

Aus dem Zuckerrohr wird die gesundheitsfördernde Melasse gewonnen.

Die in der Melasse enthaltenen Vitalstoffe – das sind alle physiologisch wirksamen Mineralsalze, Vitamine und Spurenelemente – können durch verschiedene Zubereitungsweisen vom Körper aufgenommen werden.

Mit Melasse lindern und heilen

Grundsätzliches zur Verwendung

Zuckerrohrmelasse ist ihrem herstellungsbedingten Charakter entsprechend ein Konzentrat und schmeckt nicht gerade übermäßig gut. Oft wird deshalb versucht, die Melasse zu verfeinern, etwa durch Entfernen von Inhaltsstoffen oder durch Hinzufügen von Geschmacksverbesserern. Sie wird dann meist als Edelmelasse, Speisemelasse, Apothekermelasse u. Ä. angeboten. Das mag zwar verkaufsfördernd sein, gesundheitsfördernd sind solche Maßnahmen aber im Allgemeinen nicht. Deshalb sollten Sie auf reine, unbehandelte Rohmelasse bestehen. Die allerdings sollten Sie nicht pur zu sich nehmen, das widerspräche dem Charakter eines Konzentrats und ist außerdem für empfindsame Geschmacksnerven eine Zumutung.

Möglichkeiten der Verdünnung

Zunächst empfiehlt sich die Verdünnung mit Wasser, wobei sich Melasse in heißem Wasser schneller löst als in kaltem. Um den Geschmack und zugleich den gesundheitlichen Wert zu verbessern, kann man pro Glas ein bis zwei Teelöffel Apfelessig oder Zitronensaft zugeben. Genauso gut können Sie Melasse aber auch in Tee, Milch, Joghurt, Apfelmus, ins Frühstücksmüsli oder in andere gesunde Lebensmittel einrühren. Empfohlen wird eine morgendliche Tagesdosis von ein bis zwei Teelöffeln, entsprechend etwa 40 Gramm für Erwachsene und gewichtsgemäß weniger für Schul- und Kleinkinder. In Zeiten erhöhten Vitaminbedarfs kann es natürlich auch das Doppelte sein. Wer vorwiegend denaturierte Nahrungsmittel zu sich nimmt, sollte jeder Mahlzeit einen Teelöffel in Wasser gelöster Melasse folgen lassen.

Natürliches Heilmittel

Melasse vermag viele Krankheiten zu verhindern und auch zu heilen. Sie wirkt fast immer durch Ausgleich von Mangelerscheinungen, sei es an Mineralstoffen, Spurenelementen, Vitaminen oder essenziellen Amino- und Fettsäuren. Melasse hilft, aus dem Tritt geratene Regelkreise wieder auf ihre Normalfunktion einzupendeln. Damit ist häufig schon die Schlacht gewonnen. Ausgesprochen spezifisch wirkende Heilsubstanzen im Sinn von Pharmaka enthält Melasse dagegen kaum. Das ist insofern zu begrüßen, als sie keine unerwünschten Nebenwirkungen mit sich bringt. Andererseits können gewisse zusätzliche Heilmittel den angestrebten Gesundungsprozess erheblich unterstützen und beschleunigen. Aus der Sicht der Naturheilkunde ist es natürlich besonders erfreulich, wenn das mit natürlichen Heilmitteln, z. B. mit geeigneten Heilpflanzen, geschieht. Die Kombination von Melasse mit auf das jeweilige Leiden abgestimmten Kräutertees oder Heilpflanzenpulvern empfiehlt sich dabei besonders. Deshalb folgt hier eine Fülle entsprechender Rezeptvorschläge zur Unterstützung der Heilwirkung reiner Melasse für einzelne Krankheiten.

Zubereitungsvorschriften

Sind dabei Teerezepturen angegeben, so ist die Zubereitung, soweit bei den einzelnen Rezepten nicht anders vermerkt, generell folgende:
Ein bis zwei Teile der Pflanzenmasse (bezogen auf das Volumen) werden mit zehn Teilen kochendem Wasser übergossen, anschließend acht bis zehn Minuten zugedeckt ziehen lassen und dann abseihen, bevor die Melasse darin gelöst wird. Wird Pulver empfohlen, so muss dies zuvor selbst hergestellt werden. Das geschieht, indem man die getrockneten Heilpflanzenteile (Kraut, Blüten, Wurzeln bzw. Rhizom, Rinde oder Früchte) zu Pulver zermahlt. Im Prinzip geht das mit der elektrischen Kaffeemühle, doch kann das je nach Heilpflanzenart zu einer unerwünschten Oxidation der Inhaltsstoffe führen. Sinnvoller ist es deshalb, die Ingredienzen generell in einem schweren Mörser fein zu zerreiben.

Pulver können – nicht länger als etwa zwei Monate – in einem gut schließenden Gefäß aufbewahrt werden. Besser ist es aber, wenn man sie in entsprechender Menge gleich dem Melassevorrat beimischt, weil sie dann luftdicht abgeschlossen sind, nicht oxidieren können und deshalb beinah unbegrenzt lagerfähig werden.

Vier Grundrezepte

Grundrezept I (Blutreinigung und Entschlackung)

Zutaten: 40–60 g frische Brunnenkresse • frische Löwenzahnblätter frische Brennnesselblätter • eventuell Feldsalat • 1 EL Melasse Quark mittlerer Fettstufe

Zubereitung: Die frische Brunnenkresse fein schneiden; dazu kleinere Mengen frischer Löwenzahnblätter, Brennnesselblätter und eventuell auch Feldsalat ebenfalls fein schneiden und zusammen mit 1 Esslöffel Melasse in den Quark einrühren.

Wirkung: Dieser wohlschmeckende Brei sollte für eine Entschlackungskur 3 bis maximal 4 Wochen lang 1-mal täglich verspeist werden. Er wirkt Wunder bei allgemeiner Trägheit, Müdigkeit (»Frühjahrsmüdigkeit«), depressiver Verstimmung, Vitaminmangel, Hautunreinheiten und anderen Dermatosen, Zahnfleischerkrankungen, Blutarmut, Gicht, rheumatischen Beschwerden und Wassersucht sowie bei Blasenleiden und Prostatabeschwerden. Unterstützend wirkt er auch bei Schilddrüsenerkrankungen und Zuckerkrankheit (Diabetes mellitus), sollte in diesen Fällen jedoch ausschließlich nach Rücksprache mit einem Arzt angewandt werden. Bei Schwangerschaft ist die Blutreinigungs- und Entschlackungsmischung – wegen der Brunnenkresse – zu meiden.

Das zweite Grundrezept bedient sich der wundervollen Heilwirkung von Bärlauch, dessen Qualitäten selbst jene von Knoblauch noch übertreffen. Allerdings ist man dabei auf die frische Pflanze angewiesen, und deren Blätter lassen sich nur von April bis Juni sammeln. Getrocknet verliert die Pflanze ihre Wirksamkeit.

Grundrezept II (Entschlackung und Anregung des Immunsystems)

Zutaten: frische Bärlauchblätter • Melasse • Quark der Halbfettstufe eventuell Löwenzahnblätter • eventuell gequetschter Leinsamen

Zubereitung: Man hacke die Bärlauchblätter klein und vermische sie mit Melasse und Quark. Vorteilhaft ist die Beigabe von einigen frischen Löwenzahnblättern und von gequetschtem Leinsamen. Diese Creme eignet sich besonders gut als Brotaufstrich zum Frühstück oder auch nachmittags zum Tee.

Wirkung: Bei der Verdauung fallen Abfallstoffe an. Aus medizinischer Sicht werden solche Verdauungsrückstände aber erst dann zu Schlacken, wenn ihr Abtransport behindert ist. Wenn sich nach jahrelanger Fehl- oder Überernährung in der Darmschleimhaut hartnäckige Ablagerungen bilden, werden sie giftig und belasten den gesamten Organismus. Aber nicht nur im Verdauungstrakt können diese Schlacken entstehen, sondern darüber hinaus auch im Blut, in den Muskeln, Gelenken und in allen Geweben und Transportwegen zwischen Blut- und Körperzellen.

Da die wichtigste Anwendung der Melasse bei Erkrankungen der Verdauungsorgane liegt, wirkt die hier empfohlene Creme auch regulierend, d.h., sie hilft gegen chronische Durchfälle ebenso wie gegen chronische Verstopfung. Sie ist bei Magen- und Darmkatarrhen sowohl chronischer wie infektiöser Art hilfreich. Weitere große Einsatzgebiete sind Arteriosklerose mit ihren Folgeerkrankungen, erhöhter Blutdruck ohne erkennbare Ursache (die so genannte primäre Hypertonie) und dessen Folgen wie Schwindel und Schlaflosigkeit. Bedeutung hat das Rezept auch bei der Stärkung des Immunsystems und insofern auch als Vorbeugungsmittel gegen Infektionskrankheiten wie z.B. Grippe. Außerdem vertreibt es erfolgreich Maden- und Spulwürmer.

Frühjahrsmüdigkeit beruht darauf, dass im Winter die Stoffwechselschlacken schlechter aus dem Körper heraustransportiert werden. Kurbeln Sie den Stoffwechsel mit entsprechenden Tees an, und führen Sie Ihrem Körper mit Melasse Extravitamine und -mineralstoffe zu.

Milchprodukte wie Joghurt oder Quark sind in hohem Maß nährstoffhaltig und garantieren so eine gesunde Ernährung. Frische Brennnessel-, Feldsalat- und Löwenzahnblätter enthalten entschlackende Bitterstoffe.

Grundrezept III
(Kräftigend und beruhigend)

Zutaten: 1 kg Haferstroh • 300 g schwarze Melasse

Zubereitung: Man koche das Haferstroh 1/2 Stunde in einigen Liter Wasser. Den Absud und die schwarze Melasse rührt man in ein warmes, nicht zu heißes Wannenbad.

Baden Sie vor dem Schlafengehen etwa 15 bis 30 Minuten, ohne sich danach mit Seife oder einem anderen Reinigungsmittel zu waschen. Abduschen mit klarem Wasser genügt.

Wirkung: Die Heilwirkungen eines solchen, bei Bedarf etwa alle 3 bis 5 Tage wiederholbaren Bads sind beachtlich. Es wirkt gegen Erschöpfungszustände nach körperlicher bzw. geistiger Anstrengung, fördert die Rekonvaleszenz, stärkt und beruhigt die Nerven und bekämpft nervöse Schlaflosigkeit, Appetitlosigkeit, Depressionen, rheumatische Beschwerden und Ischiasschmerzen sowie erfrorene Glieder und dauerhaft kalte Füße (auch als Fußteilbad). Es erhöht die generelle Gewebespannung und wirkt günstig auf zahlreiche Hautleiden.

Neben der innerlichen Anwendung ist manchmal auch die äußerliche angezeigt, etwa als Badezusatz. Darauf wird bei den einzelnen Krankheiten hingewiesen.

Grundrezept IV
(Entwässernd und reinigend)

Zutaten: 1 frische Meerrettichwurzel • Melasse • Apfelessig

Zubereitung: Zerreiben Sie 1 frische Meerrettichwurzel, und vermischen Sie den Brei zu gleichen Teilen mit Melasse. Dazu geben Sie pro Tasse 2 Teelöffel Apfelessig. Nehmen Sie täglich 3-mal 1 Teelöffel.

Wirkung: Der Brei eignet sich z. B. als Brotaufstrich. Als harntreibendes Mittel hilft er gegen Wassersucht, wirkt blutreinigend und lindert deshalb auch Gicht und rheumatische Beschwerden. Er hilft gegen schlechte Verdauung und Darmträgheit sowie gegen Appetitmangel und hat sich als Heilmittel bei Luftröhrenkatarrh bewährt. Äußerlich eignet er sich als Packung bei Nervenschmerzen, Ischiasproblemen, Rückenschmerzen und Frostbeulen. Hautproblemen wie Warzen, veränderlichen Leberflecken, Akne u. a. kann durch solche Packungen geholfen werden.

Zur Unterstützung einer gesunden Ernährung kann die Melasse zur Deckung des täglichen Vitaminbedarfs beitragen. Ein Brei aus frischer Meerrettichwurzel, Melasse und Apfelessig eignet sich hervorragend auch als Brotaufstrich.

Krankheiten von A bis Z

Arthrose

Siehe Skelett

Arthritis

Siehe Skelett

Asthma

Bei Asthma sind die beiden folgenden Teerezepte hilfreich:

Teemischung gegen Asthma

Zutaten: 10 g Gartenrautenkraut • 20 g Bibernellwurzel 30 g Gänsefingerkraut • Melasse

Anwendung: Man mische die Kräuter, überbrühe sie mit heißem Wasser und trinke davon 3-mal täglich 1 Tasse mit 1 Teelöffel Melasse.

Der nebenstehende Tee hat eine gute Heilwirkung bei den meisten Krankheiten der Luftwege, d. h. bei akutem und chronischem Schnupfen, Nebenhöhlenentzündung, Bronchitis und vor allem bei asthmatischen Beschwerden.

Bei Atembeschwerden infolge akuter Schleimhautschwellungen (z. B. bei Erkältung) bewährt sich die morgendliche und abendliche Nasenspülung, wobei vorsichtig lauwarmes Wasser mit Melasse (ca. 1 Teelöffel Melasse auf 140 Milliliter Wasser) durch die Nase hochgesaugt wird, bis es im Rachenraum zum Mund abfließt. Durch konsequente längere Kuren dieser Art (mindestens 4 bis 6 Wochen) lassen sich in vielen Fällen auch chronische Nasenschleimhautschäden durch Nasensprays beheben).

Alternativtee

Zutaten: 10 g Ehrenpreiskraut • 10 g Tausendgüldenkraut 10 g Wacholderbeeren • 10 g Wermut • 20 g Efeublätter • 20 g Gartenrautenkraut • 20 g Schlüsselblumenblüten • 30 g Bibernellwurzel 30 g Johanniskraut • 40 g Gänsefingerkraut • Milch • Melasse

Anwendung: Man bereite den Tee zunächst doppelt so stark wie gewünscht und gebe ihm nach dem Abseihen die gleiche Menge warmer Milch und pro Tasse 1 Teelöffel Melasse bei. Getrunken wird davon 4-mal täglich 1 Tasse.

Pulver gegen Asthma

Zutaten: 4 Teile Bittere Kreuzblume (Polygala amara) • Echtes Eisenkraut (Verbena officinalis) • Melasse • Eukalyptusöl

Anwendung: Von dieser Pulverzubereitung nimmt man 2-mal täglich 2 Gramm mit je 1 Teelöffel Melasse in 1 Tasse heißem Wasser. Dazu kann man 5 bis 10 Tropfen Eukalyptusöl pro Tasse geben.

Atemwegserkrankungen

Tee gegen akute und chronische Krankheiten der Luftwege

Zutaten: 10 g Baldrianwurzel • 10 g Melissenblätter 10 g Tausendgüldenkraut • 10 g Wermutkraut • 20 g Schachtelhalmkraut • 20 g Schafgarbenkraut • 20 g Spitzwegerichkraut Süßholz • 20 g Taubnesselblüten • 30 g Faulbaumrinde 30 g Quendel • Melasse

Anwendung: Man trinke 1 bis 2 Tassen des Tees mit jeweils 1 Teelöffel Melasse schluckweise im Lauf des Tages. Falls Sie unter Bluthochdruck leiden, sollte das Süßholz in der Teemischung fortgelassen werden, damit Sie Ihren Kreislauf nicht unnötig belasten.

Tee gegen akute Katarrhe der oberen Luftwege

Zutaten: 50 g Thymiankraut • 50 g Waldmeisterkraut 100 g Erdbeerblätter • Melasse

Anwendung: Getrunken werden 1 bis 2 Tassen des Tees mit jeweils 1 Teelöffel Melasse zum Frühstück.

Tee gegen Bronchialkatarrh

Zutaten: 10 g Fenchelsamen • 10 g Kümmelsamen • 20 g Lindenblüten • 20 g Salbeiblätter • 20 g Schachtelhalmkraut • 20 g Süßholz 20 g Waldmeisterblätter • 30 g Walnussblätter • 30 g Melissenblätter 30 g Schlehdornblüten • Melasse

Anwendung: Getrunken wird von dem Tee früh und abends je 1 Tasse mit jeweils 1 Teelöffel Melasse. Bei Bluthochdruck sollte das Süßholz in der Teemischung fortgelassen werden.

Bei Atemnot bewährt sich außerdem pulverisiertes Herzgespannkraut (Leonus cardiaca), und zwar 3 Gramm täglich zusammen mit 2 Teelöffel Melasse in 1 Glas warmem Wasser.

Augenleiden

Das Spektrum der Augenleiden ist groß. Es reicht von Fehlsichtigkeit über Verletzungen und Infektionen bis zu Hornhauterkrankungen, Netzhautablösungen und Problemen mit dem Augeninnendruck. Hornhauterkrankungen und Augeninnendruck-Störungen sind oft stoffwechselbedingt. Hier kann Melasse hilfreich wirken. Zu empfehlen sind vor allem bei Hornhautproblemen dieselben Rezepturen wie bei Hautleiden generell. Grundsätzlich gehört aber jedes Augenleiden in ärztliche Behandlung.

Eine über- und reizempfindliche Blase, die mit anhaltendem Harndrang, mangelnder Harnkontrolle oder Schmerzen beim Wasserlassen einhergeht, ist oft die Folge einer Besiedlung mit Bakterien.

Blasenleiden

Gemeinsam mit der Frühstücksmelasse wird in das Wasser 1 Esslöffel frischer Petersiliepresssaft gegeben. Petersiliepresssaft erhalten Sie gelegentlich in Reformhäusern. Ansonsten können Sie ihn auch selbst aus frischer Petersilie herstellen.

Bewährte Teemischung

Zutaten: 20 g Haferstroh • 20 g Hagebutten • 20 g Thymian 20 g Vogelknöterich • 20 g Wegwarte • Melasse

Anwendung: Von diesem Tee trinke man morgens und abends 1 Tasse mit je 1 Teelöffel Melasse.

Teemischung bei Blasen- oder Nierensteinen

Zutaten: 10 g Attichwurzel • 10 g Brennnesselwurzel • 10 g Eberwurzel • 10 g Kalmuswurzel • 10 g Pfefferminze • 20 g Schachtelhalm (Zinnkraut) • 30 g Holunderblüten • 30 g Lindenblüten
30 g Wacholderbeeren • 40 g Hagebuttenkerne • Melasse
Anwendung: Am besten wirkt diese Teemischung, wenn sie bereits zum Frühstück in der Menge von 2 Tassen mit jeweils 1 Teelöffel Melasse getrunken wird.

Hilfreiches Pulver

Zutaten: 2 Teile Liebstöckel (Levisticum officinalis) • 1 Teil Dornige Hauhechel (Ononis spinosa) • 3 Teile Alpenbärentraube (Arctosta phylusuvaursi) • 1 Teil Echtes Eisenkraut (Verbena officinalis)
1 Teil Gottesgnadenkraut (Gratiola officinalis) • 2 Teile Weiße Taubnesseln • 3 Teile Echtes Mädesüß • Melasse
Anwendung: 3-mal täglich trinke man je 2 Gramm dieser Pulvermischung zusammen mit je 1 Teelöffel Melasse aufgebrüht in heißem Wasser.

Im Fall einer akuten Blasen- oder Nierenentzündung sollten die Wacholderbeeren in der oben stehenden Teemischung weggelassen werden.

Pulver bei Steinleiden

Zutaten: 1 Teil Färberröte (Rubia tinctorum) • 1 Teil Dornige Hauhechel (Ononis spinosa) • 3 Teile Alpenbeerentraube
Melasse
Anwendung: 3-mal täglich trinke man 3 Gramm dieser Pulvermischung zusammen mit 1 Teelöffel Melasse in heißem Wasser.

Blutarmut (Anämie, perniziöse Anämie)

Zutaten: 10 g Kalmuswurzel • 30 g Frauenmantel • 10 g Fieberklee
20 g Tausendgüldenkraut • 30 g Echtes Eisenkraut • 30 g Weiße Taubnessel • 20 g Echtes Herzgespann • 40 g Zitronenmelisse • 20 g Kardobenediktenkraut • 30 g Löwenzahn (Kraut und Wurzeln) • Melasse
Anwendung: Zur besten Wirksamkeit wird empfohlen, von diesem Tee 3-mal täglich 1 Tasse mit je 1 Teelöffel Melasse vor den jeweiligen Mahlzeiten zu trinken.

Bluthochdruck (Hypertonie)

Hoher Blutdruck kann verschiedene Ursachen haben, die stets vom Arzt abgeklärt werden sollten. Beruht er auf Arterienverkalkung (Arteriosklerose), so kann er wie diese behandelt werden. Die so genannte primäre oder essentielle Hypertonie (die Ursachen hierfür sind ungeklärt) ist schwer zu behandeln. Manchmal helfen eine gründliche Nierensanierung (siehe dazu Stichwort »Nierenleiden«, Seite 79ff.) oder eine generelle Entwässerungskur.

Aus der chinesischen Medizin

Gute Dienste bei Bluthochdruck tut eine in der chinesischen Medizin bekannte Rindendroge, die neuerdings auch in Deutschland erhältlich ist: Cortex Eucommiae.

Zutaten: 30 g Cortex Eucommiae • 100 g schwarze Melasse
500 ml weißer Rum

Anwendung: Man setze Cortex Eucommiae mit schwarzer Melasse und weißem Rum an und belasse den Ansatz 7 Tage in einer verschlossenen Flasche, die täglich 1-mal geschüttelt wird. Danach seihe man ab und nehme von dem nicht gerade köstlich schmeckenden Auszug täglich 2-mal je 1 Esslöffel voll pur oder mit Wasser verdünnt etwa 1 Stunde nach den Mahlzeiten.

Der Geschmack dieses Mazerats lässt sich, um die Einnahme zu erleichtern, durch Beigeben von 2 Vanille- und 3 Zimtrindenstangen positiv beeinflussen.

Arteriosklerose verursacht Durchblutungsstörungen, die zu Bluthochdruck, Schwindel, Müdigkeit und vielen anderen Beeinträchtigungen führen können.

Teemischung gegen Bluthochdruck

Zutaten: 30 g Weißdornblüten • 30 g Weißdornfrüchte
30 g Schachtelhalmkraut • 30 g Mistel • 30 g getrocknete Knoblauchzwiebeln • 10 g Arnikablüten • 40 g Schafgarbe • Melasse

Anwendung: Bei der Zubereitung durch Aufguss sollte man pro Tasse 1 Esslöffel der Trockenpflanzen nehmen und nach dem Abseihen 1 Teelöffel Melasse einrühren.

Es empfiehlt sich, von dieser heilenden Teemischung 2 Tassen schluckweise über den Tag verteilt zu trinken.

Blutreinigung

Blutreinigende Teemischung

Zutaten: 20 g Brennnesselblätter • 20 g Sauerampferblätter
20 g Echter Erdrauch • 20 g Wundklee (Anthyllis vulneraria)
10 g Selleriesamen • 10 g Große Bibernelle • 5 g Ackergauchheil
20 g Borretsch (Gurkenkraut) • 10 g Spitz- oder Breitwegerich
20 g Klettenwurzel • 20 g Birkenblätter • Melasse

Anwendung: Von dieser Teemischung setze man die halbe erforderliche Trockenpflanzenmenge über Nacht mit kaltem Wasser an und seihe dann ab; die andere Hälfte wird frisch mit kochendem Wasser überbrüht und nach dem Abkühlen abgeseiht. Dann gieße man beide Flüssigkeiten zusammen und trinke davon täglich 3 Tassen mit je 1 Teelöffel Melasse. Eine Blutreinigungskur mit diesem Tee sollte 4 bis 6 Wochen dauern. Sie ist auch sehr wirkungsvoll bei Gicht und anderen rheumatischen Beschwerden.

Durch ihren positiven Einfluss auf harnsaure Ablagerungen kann die Melasse auch schmerzhafte Gichtanfälle vermeiden helfen.

Diabetes mellitus

Warum Melasse bei Diabetes mellitus hilfreich ist, wurde ausführlich im Kapitel »Melasse als Nahrung« (siehe Seite 48) erläutert. An dieser Stelle braucht deshalb nicht näher darauf eingegangen zu werden, zumal sich spezielle Rezepturen erübrigen.

Diarrhö

Durchfälle infolge von Lebensmittelvergiftungen werden hier nicht behandelt. Sie gehören in die Hand des Arztes. Auch sollten sie nie gestoppt werden, weil sonst die Giftstoffe den Körper nicht verlassen können. Aber es ist auf jeden Fall dafür zu sorgen, dass dem Körper ausreichend Flüssigkeit zugeführt wird, um Gesundheitsschäden durch Entwässerung zu vermeiden. Auch eine erhöhte Mineralsalzzufuhr ist erforderlich. Hierzu kann Melasse gut eingesetzt werden. Durchfälle aufgrund akuter Infektionskrankheiten, z. B. Formen der Ruhr oder gar Cholera, gehören stets in ärztliche Behandlung.

Die folgenden Rezepte sind in erster Linie hilfreich bei Durchfall aufgrund schlechter Verdauung, z. B. bei Gärungsfäulnis, Kolitis oder Verdauungsstörungen mit Entzündungen des Magens oder Darms.

Teemischung I gegen Durchfall

Zutaten: 40 g Tormentillwurzel • 60 g Eichenrinde • Melasse
Anwendung: Von diesem Tee sollten täglich 3 Tassen mit je 1 Teelöffel Melasse langsam und schluckweise getrunken werden.

Teemischung II gegen Durchfall

Zutaten: 30 g Eichenrinde • 30 g Kalmuswurzel • 30 g Quendel
30 g Walnussblätter • Melasse
Anwendung: Von diesem Tee sollten täglich 3 Tassen mit je 1 Teelöffel Melasse langsam und schluckweise getrunken werden.

Teemischung gegen Durchfälle mit Darmkrämpfen

Zutaten: 20 g Vogelknöterich • 40 g Gänsefingerkraut
40 g Spitz- oder Breitwegerich • Melasse
Anwendung: Von diesem Tee trinke man täglich 3 bis 5 Tassen mit jeweils 1 Teelöffel Melasse.

Pulvermischung gegen Durchfall

Zutaten: 1 Teil Wasserknöterich (Polygonum hydropiper) • 1 Teil Tormentillwurzel (Potentilla erecta) • 10 Teile Gänsefingerkraut bzw. Anserine (Potentilla anserina) • 5 Teile Echter Salbei • 2 Teile Pfefferminze (Menta piperita) • 5 Teile Gottesgnadenkraut (Gratiola officinalis) • 10 Teile Silberweidenrinde (Salix alba) • Melasse
Anwendung: Es wird empfohlen, 3-mal täglich je 2 Gramm dieser Pulvermischung zusammen mit je 1 Teelöffel Melasse in heißem Wasser aufgelöst zu trinken.

Und noch ein Tipp

Bewährt ist bei Durchfällen auch die tägliche 2-malige Einnahme eines dicken Breis aus warmer Milch mit pürierten Heidelbeeren, dem pro Tasse 1 Teelöffel Melasse zugerührt wird.

Von Durchfällen spricht man, wenn der Stuhlgang dünnflüssig ist und häufiger als fünfmal täglich auftritt. Durchfälle, die sich nach zwei Tagen nicht bessern, sollten von einem Arzt weiter behandelt werden. Zum Arzt sollten Sie auch dann gehen, wenn Sie Blut ausscheiden oder wenn der Durchfall nach einer Reise in südliche Länder auftritt.

Durchfallerkrankungen

Siehe Diarrhö

Erschöpfungszustände, allgemein

Sofern Erschöpfungszustände die erkennbare Folge von körperlicher oder psychischer Überanstrengung, Schlafmangel, überstandenen Krankheiten, Operationen usw. sind, lassen sie sich generell mit Melasse gut behandeln. Auf besondere Rezepturen kommt es dabei nicht an. Bei Erschöpfungszuständen infolge geringer Belastbarkeit und insbesondere Herzschwäche oder Arteriosklerose sei auf das Stichwort »Herz- und Kreislaufleiden« verwiesen. Leichte Erschöpfbarkeit kann auch eine Folge innerer Vergiftung aufgrund mangelhafter Verdauung sein. Hier bieten die Rezepturen unter den Stichworten »Verstopfung, chronische«, »Diarrhö« sowie »Magen- und Darmleiden« Hilfe. Ist die Erschöpfung nervösen Ursprungs, dann empfehlen sich die Rezepturen unter »Nervosität, nervöse Schlaflosigkeit«. In allen anderen Fällen ist in jedem Fall ein Arzt oder Heilpraktiker zu konsultieren. Oft sind Erschöpfungszustände nämlich ernst zu nehmende Anzeichen für schwere Erkrankungen wie z. B. Diabetes mellitus.

Die erste Maßnahme bei Übergewicht besteht in der Aneignung gesunder Ernährungsgewohnheiten, d. h. regelmäßig kleine Mahlzeiten zu sich zu nehmen, sich beim Essen Zeit zu lassen und sich vollwertig zu ernähren.

Fettleibigkeit

Übergewicht ist stets eine Folge der Energiebilanz. Wenn die Kalorienzufuhr ständig den Kalorienverbrauch überschreitet, kommt es häufig zu Fettleibigkeit. Nur sehr selten ist das auf eine Fehlfunktion endokriner Drüsen (wie Schilddrüsenunterfunktion) oder organische Störungen im Appetitzentrum des Gehirns zurückzuführen. Meist sind unausgeglichene Ernährung, zu wenig Bewegung und oft auch psychische Komponenten die ausschlaggebenden Faktoren. Zu geringe körperliche Aktivität kann weder durch Melasse noch andere Heilpflanzen ersetzt werden. Bei Fehlernährung und in manchen Fällen mit psychischen Ursachen wirkt die Melasse zusammen mit gezielt ausgewählten Heilpflanzentees aber manchmal fast Wunder.

Teemischung I gegen Fettleibigkeit

Zutaten: 70 g Rosmarin • 60 g Salbei • 60 g Wermut • Melasse

Anwendung: Von diesem Tee sollte 3-mal täglich 1 Tasse mit je 1 Teelöffel Melasse 1/2 Stunde nach den jeweiligen Mahlzeiten getrunken werden.

Teemischung II gegen Fettleibigkeit

Zutaten: 30 g Anis • 30 g Erdrauch • 25 g Gottesgnadenkraut
30 g Seifenkraut • 30 g Süßholz • Melasse

Anwendung: Von diesem Tee trinke man 3-mal täglich 1 Tasse mit je 1 Teelöffel Melasse 1/2 Stunde nach den Mahlzeiten. Bluthochdruckpatienten sollten dabei auf das Süßholz verzichten, um den Kreislauf nicht unnötig zu belasten.

Regulierende Teemischung

Zutaten: 30 g Angelikawurzel • 20 g Salbei • 30 g Wacholderbeeren
30 g Wegwartewurzel • 35 g Wermut • Melasse

Anwendung: Diese Teemischung sollte 3-mal täglich getrunken werden. 1 Tasse mit je 1 Teelöffel Melasse vor den Mahlzeiten reguliert die Stoffwechselfunktionen.

Empfohlen werden auch zur Begleitung der Melasse-Tee-Kuren, die jeweils etwa sechs Wochen dauern sollten, gelegentliche Klistiere (etwa jeden dritten Tag) mit lauwarmem Wasser unter Melassezusatz (ein Teelöffel auf eine Tasse Wasser).

Der Tee ist die bekannteste Form, in der die Melasse als natürliches Heilmittel angewendet wird. Beim Zusatz von anderen Heilkräutern kommt es auf die Wahl und die Mischung an, die die Wirkung des Heiltees bestimmt.

Entschlackende Teemischung

Zutaten: 60 g Blasentang • 40 g Holunderwurzel • 50 g Spargelwurzel Melasse

Anwendung: Von diesem Tee trinke man 3-mal täglich 1 Tasse mit je 1 Teelöffel Melasse 1/2 Stunde vor den Mahlzeiten. Wenn verfügbar, kann man der Teemischung zusätzlich 30 Gramm getrocknete und zerkleinerte Blaukrautwurzeln beigeben.

Entwässernde Teemischung

Zutaten: 30 g Schlehenblüten • 30 g Löwenzahnwurzel 40 g Faulbaumrinde • 30 g Brennnessel • Melasse

Anwendung: Es wird empfohlen, von dieser Teemischung bereits morgens auf nüchternen Magen 2 Tassen mit je 1 Teelöffel Melasse langsam zu trinken.

Blähungen bei Fettleibigkeit können eine Reaktion des Darms auf vielerlei Einflüsse sein. Unregelmäßiges Essen, psychisches Missbefinden oder schwerverdauliche Speisen gehören ebenso zu den Auslösern wie ernsthafte Erkrankungen, die behandelt werden müssen.

Ein bewährtes Rezept gegen Fettleibigkeit

Zutaten: 10 g Bockshornkleepulver • 15 g Aloe-vera-Pulver 15 g Rhabarberwurzelpulver • 10 g Sennesblätter • 10 g Süßholz 500 ml 70-prozentiger Alkohol • Melasse

Anwendung: Man setze alle genannten Zutaten im Alkohol an, lasse den Ansatz 10 Tage bei Raumtemperatur stehen, wobei man das Ganze 1-mal täglich gut schüttle und erst danach abseihe. Von der fertigen Tinktur trinkt man 5-mal täglich 20 Tropfen in 1 Glas Wasser mit je 1 Teelöffel Melasse. Bei Schwangerschaft verwende man diese Tinktur nicht!

Frauenleiden

Bei Eierstockentzündungen haben sich vor allem die folgenden Teemischungen immer wieder bewährt.

Beruhigende Teemischung gegen Eierstockentzündung

Zutaten: 50 g Johanniskraut • 25 g Silbermantel • 50 g Kamille 25 g Melisse • 25 g Damianablätter • Melasse

Anwendung: Von diesem Tee trinke man täglich 3-mal 1 Tasse mit je 1 Teelöffel Melasse.

Alternative Teemischung

Zutaten: 20 g Ehrenpreis • 20 g Ginsengwurzel • 20 g Zinnkraut
20 g Bibernelle • 20 g Boldoblätter • Melasse
Anwendung: Von diesem Tee trinke man täglich 3-mal 1 Tasse mit je 1 Teelöffel Melasse.

Bei Brustdrüsenentzündung empfehlen sich Umschläge aus den folgenden Bestandteilen:

Umschlag bei Brustdrüsenentzündung

Zutaten: 50 g aufrechtes Glaskraut • 40 g Fenchel • 1 EL Melasse
Anwendung: Der Brei aus den klein geschnittenen Kräutern und der Melasse wird mehrmals täglich auf die Brüste aufgetragen und dort jeweils 15 bis 20 Minuten belassen.

Lindernder Umschlag

Zutaten: 200 g Zwiebeln • 40 g Holunderblüten • 40 g Malvenblätter
2 EL Melasse
Anwendung: Die genannten Zutaten werden mit Wasser zu einem zähflüssigen Brei verkocht und mehrmals täglich für ca. 15 Minuten auf die Brüste auftragen.

Wegen des hohen Blutverlusts bei der Regelblutung brauchen Frauen bis zur Menopause wesentlich mehr Mineralstoffe, je nach Ausmaß der Blutverluste. Hier kann Melasse für einen Ausgleich sorgen, aber auch helfen, wenn Schmerzen auftreten. Menstruationsbeschwerden, vor allem schmerzhafte Regelblutungen – seien sie zu stark oder aber zu schwach –, sind meist die Folge von Gefäßkrämpfen aufgrund einer mangelhaften Durchblutung der Bauchorgane. Beschwerden können aber auch durch das Abstoßen toten Gewebes durch einen zu engen Gebärmutterhals oder Muttermund oder durch eine zu starke Rückwärtskrümmung der Gebärmutterachse verursacht werden. Die folgenden Melasse-Tee-Rezepte beeinflussen auch die Folgeerscheinungen wie Reizbarkeit, seelische Unausgeglichenheit, Kopf- und Rückenschmerzen, Schwindelgefühle und Mattigkeit günstig.

Die Ursachen bei Menstruationsbeschwerden sind vielfältig. Es kann sich um vegetative oder hormonell bedingte Störungen handeln, die nach neuesten Erkenntnissen durch einen zu niedrigen Blutzuckerspiegel ausgelöst werden.

Teemischung gegen Menstruationsbeschwerden

Zutaten: 30 g Baldrianwurzel • 40 g Kamille • 30 g Schafgarbe
30 g Pfefferminze • Melasse

Anwendung: Von dieser Teemischung trinke man über den Tag verteilt 1/2 bis 1 Liter, wobei pro 1/2 Liter 1 Teelöffel Melasse zugesetzt wird.

Entkrampfende Teemischung

Zutaten: 30 g Hopfen • 40 g Schafgarbe • 25 g Baldrianwurzel
25 g zerstoßene Sabalpalmenfrüchte • Melasse

Anwendung: Von dieser Teemischung trinke man 3-mal täglich 1 Tasse mit 1 Teelöffel Melasse.

Durchblutungsfördernde Teemischung

Zutaten: 25 g Blutwurz • 30 g Kamille • 40 g Frauenmantel
30 g Damianablätter • Melasse

Anwendung: Getrunken wird 3-mal täglich 1 Tasse dieser Teemischung mit je 1 Teelöffel Melasse.

Gallenleiden

Siehe Leber- und Gallenblasenleiden

Auch Hämorrhoidalbeschwerden können durch Melasse gelindert werden, da die Gefäße ihre Spannkraft wieder erhalten.

Gelenkerkrankungen

Siehe Skelett

Gicht

Siehe rheumatische Beschwerden

Hämorrhoiden

Zur Behandlung von Hämorrhoiden bieten sich zunächst einmal die unter den Stichworten »Verstopfung, chronische«, »Diarrhö«, »Magen- und Darmleiden«, »Bluthochdruck und Blutreinigung« genannten Rezeptvorschläge an. Dabei ist abzuwägen, was von Fall zu Fall aufgrund der auftretenden Begleitumstände angemessen erscheint und verträglich ist.

Spezielle Teemischung

Zutaten: 30 g Brennnesselblätter • 20 g Echter Erdrauch • 10 g Gartenraute • 20 g Lungenkraut • 30 g Weiße Taubnessel • 20 g Leinkraut 10 g Wollkrautblüten (Große Königskerze) • 20 g Kamillenblüten 20 g Kardobenediktenkraut • 10 g Rosskastanienrinde • Melasse

Anwendung: Getrunken wird von diesem Tee morgens und abends je 1 Tasse mit je 1 Teelöffel Melasse. Bei bestehender Schwangerschaft ist von einer Zugabe der Gartenraute abzuraten.

Pulver gegen Hämorrhoidalleiden

Zutaten: 3 Teile Echte Nelkenwurz (Geum urbanum) • 3 Teile Wiesenlein (Linum catharticum) • 4 Teile Gartenraute (Ruta graveolens) 1 Teil Echter Alant • Melasse

Anwendung: Von diesem Pulver nimmt man 2-mal täglich 2 Gramm zusammen mit je 1 Teelöffel Melasse in heißem Wasser.
Bei bestehender Schwangerschaft lässt man die Gartenraute weg.

Melasse ist ideal zur Behandlung von Hämorrhoidalbeschwerden, weil sie entkrampfende Mineralien in Verbindung mit stuhlregulierenden Ballaststoffen enthält.

Hauterkrankungen

Trotz der großen Fülle unterschiedlicher Hautleiden (Flechten, trockene Haut, Schuppen, Hautpilzerkrankungen, nervöse Hautbeschwerden, hormonell bedingte Hautstörungen wie Akne, Allergien, Neurodermitis usw.) werden hier nur drei generelle Rezepturen genannt und auf ein Grundrezept verwiesen. Das ist sinnvoll, da fast alle Hautprobleme eine gemeinsame Eigenart haben: Der Körper versucht nämlich durch die Haut oder die Schleimhäute Giftstoffe auszuscheiden. Hier wirken die Melasse und die ausgewählten Kräuter im Allgemeinen günstig. Auf die Empfehlung von Cremes, Salben oder Packungen wurde grundsätzlich verzichtet, weil diese nicht die Ursachen der Hautleiden bekämpfen. Heilsame Hautausscheidungen unterbinden sie zudem fast immer.

Hautreinigungstee

Zutaten: 20 g Stiefmütterchenkraut • 20 g Witwenblumenkraut
20 g Klettenwurzeln • 20 g Walnussblätter • Melasse

Anwendung: Von der Teemischung wird 1 Esslöffel pro Tasse in kaltes Wasser gegeben und mit diesem zusammen aufgekocht. Der Tee sollte 15 bis 20 Minuten kochen, bevor man ihn abseiht und ihm pro Tasse 1 Teelöffel Melasse zugibt. Getrunken werden täglich 2 bis 3 Tassen.

Gegen Haut- und Schleimhautentzündungen

Zutaten: 30 g frisches oder 20 g getrocknetes Löffelkraut
2 EL Melasse • 1 l Weißwein

Anwendung: Zunächst setze man das frische oder getrocknete Löffelkraut mit 2 Esslöffeln Melasse im Weißwein an und lasse den Ansatz 8 Tage lang stehen. Man trinke 2 Weingläser täglich.

Frisches Löffelkraut, (Cochlearia officinalis) findet man im Mai oder Juni an Meeresstränden. Bewährt hat sich dieser Wein bei Haut- und Schleimhautentzündungen, Mund- und Halsgeschwüren, eitriger Mandelentzündung, bei Hautausschlägen und juckenden Hautentzündungen.

Herz- und Kreislaufleiden

Teemischung gegen Herzschwäche

Zutaten: 10 g Maiglöckchenblüten • 20 g Fenchelsamen
30 g Pfefferminze • 20 g Baldrianwurzel • Melasse

Anwendung: 3-mal täglich 1 Tasse mit 1 Teelöffel Melasse trinken. Die Maiglöckchenblüten nehme man nur nach ärztlichem Rat.

Tee gegen nervöse Herzbeschwerden und Herzklopfen

Zutaten: 20 g Baldrianwurzel • 20 g Melissenblätter
30 g Schafgarbe • 30 g Johanniskraut • Melasse

Anwendung: Von diesem Tee trinke man nur 1 Tasse mit 1 Teelöffel Melasse täglich, und zwar schluckweise verteilt über den ganzen Tag.

Herzstärkendes Pulver

Zutaten: 1 Teil Gartenrautenkraut • 1 Teil Gelber Enzian (Gentiana lutea) • 5 Teile Echte Nelkenwurz (Geum urbanum) • Melasse

Anwendung: Man nehme 3-mal täglich 1 Gramm des Pulvers mit 1 Teelöffel Melasse auf 1 Glas heißes Wasser.
Bei bestehender Schwangerschaft ist das Pulver nicht empfohlen.

Die Wirkung vieler Heilkräuter wird durch die Zugabe von schwarzer Melasse noch verstärkt. So kann man beispielsweise durch einen Ansatz aus Löffelkraut, Weißwein und Melasse Haut- und Schleimhautentzündungen lindern.

Teemischung I bei arteriellen Durchblutungsstörungen

Zutaten: 20 g Sonnentaukraut • 40 g Gemeiner Frauenmantel (Achemilla) • 30 g Stiefmütterchenblüten • 20 g Meisterwurz • 40 g Birkenblätter • 20 g Mistel • Melasse • 5 Tropfen Arnikatinktur

Anwendung: 1 Tasse dieses Kräutertees füge man 2 Teelöffel Melasse und 5 Tropfen Arnikatinktur zu und trinke sie über den ganzen Tag verteilt.

Zur Heilung und Vorbeugungen von Durchblutungsstörung werden in Verbindung mit Melasse gleich mehrere Variationen von Teemischungen empfohlen.

Teemischung II bei arteriellen Durchblutungsstörungen

Zutaten: 20 g Löwenzahnwurzel • 20 g Queckenwurzel • 20 g Schafgarbe • 20 g Seifenkrautwurzel • Melasse

Anwendung: Man trinke von dieser Teemischung 1 Tasse mit jeweils 1 Teelöffel Melasse zum Frühstück. In Ausnahmefällen kann der Tee auch mit einer anderen Mahlzeit (Mittag- oder Abendessen) eingenommen werden.

Teemischung III bei arteriellen Durchblutungsstörungen

Zutaten: 30 g Mistel • 30 g Salbeiblätter • 30 g Schafgarbe • 40 g Sonnentaukraut • 20 g Enzianwurzel • 20 g Meisterwurz • Melasse

Anwendung: Es ist zu empfehlen, täglich 1 bis 2 Tassen mit je 1 Teelöffel Melasse von dieser Teemischung schluckweise über den Tag verteilt zu trinken.

Und noch ein Tipp

Arteriosklerose entsteht durch Verbindungen von Cholesterin und anderen Blutfetten mit Kalzium und weiteren Substanzen, die sich an der Gefäßwand festsetzen, verhärten und schließlich den Blutfluss hemmen. Diesem Problem kann man mit Mineralstoffen und Vitaminen abhelfen. Bewährt hat sich auch die Einnahme von 1 Teelöffel Melasse zusammen mit 1 Messerspitze Mistelpulver mittags und abends.

Wer mit Selbstmedikationen nach Heil- und Kräuterbüchern arbeitet, sei an dieser Stelle ausdrücklich gewarnt. Zahlreiche Bücher empfehlen bei Herzklopfen und dadurch bedingten Kopfschmerzen, aber auch bei Blutarmut, bei Erkrankungen der Harnblase und bei ausbleibender oder erschwerter Menstruation den Saft von Greiskrautarten (Senecio jacobaea und Senecio vulgaris). Nach neusten Erkenntnissen sind alle Senecioarten tödlich giftig, was lang deshalb unbekannt blieb, weil die Giftstoffe nicht sofort nach der Einnahme wirken, sondern erst einige Monate später durch unheilbare Zerstörung der Leber erkennbar werden.

Hexenschuss

Siehe rheumatische Beschwerden

Ischiasschmerzen

Siehe rheumatische Beschwerden

Knochenleiden

Siehe Skelett

Kolitis

Siehe Diarrhö, Magen- und Darmleiden

Kopfschmerzen

Siehe Migräne

Krampfadern

Siehe Herz- und Kreislaufleiden

Leber- und Gallenblasenleiden

Teemischung gegen verschiedenste Leberleiden

Zutaten: 30 g Queckenwurzel • 10 g Alantwurzel • 60 g Mariendistelsamen (zerquetscht) • 40 g Sauerampfer • 20 g Tormentillwurzel
20 g Ackergauchheil • 30 g Melisse • Melasse

Anwendung: Eine Hälfte der Pflanzenmenge wird über Nacht mit kaltem Wasser angesetzt. Die andere Hälfte koche man 10 bis 15 Minuten. Nach dem Abseihen löse man in dem heißen Tee 1 Teelöffel Melasse pro Tasse auf. Man mische beide Aufgüsse und trinke morgens und abends je 1 Tasse.

Durch zu viel Fett in der Nahrung und häufig auch durch reichlichen Alkoholgenuss sind Leber und Gallenblase besonderen Belastungen ausgesetzt.

Dieses Pulver beeinflusst die Leber positiv

Zutaten: 1 Teil Alantwurzel • 1 Teil Tormentillwurzel (Potentilla erecta) • 1 Teil Gelber Enzian • 5 Teile Gentiana lutea • 5 Teile Echte Nelkenwurz (Geum urbanum) • 5 Teile Ackergauchheil • Melasse

Anwendung: Genommen werden täglich 2-mal 2 Gramm des Pulvers mit je 1 Teelöffel Melasse in heißem Wasser.

Tee zur Anregung der Gallenblasentätigkeit

Zutaten: 10 g Faulbaumrinde • 20 g Andorn • 30 g Odermennig
40 g Pfefferminze • Melasse

Anwendung: Man trinke von diesem Tee 1 Tasse mit 1 Teelöffel Melasse 1 Stunde nach jeder Mahlzeit.

Kräftigung der Gallenblase

Zutaten: 20 g Schöllkraut • 20 g Wasserhanf

Anwendung: Von diesem Tee trinke man morgens und abends je 1 Tasse mit 1 Teelöffel Melasse.

Hilfe bei Gallensteinen

Zutaten: 10 g Faulbaumrinde • 10 g Fenchelsamen • 20 g Strohblumen
20 g Pfefferminze • 20 g Schafgarbe • 20 g Wermutkraut • Melasse

Anwendung: Von diesem Tee sollte man etwa 1/2 Stunde vor jeder Mahlzeit 1 Tasse mit 1 Teelöffel Melasse trinken.

Positiv bei Gallensteinleiden wirkt auch eine Schwarzrettichsaft-Melasse-Kur von einigen Wochen Dauer. Man nimmt dabei täglich vor jeder Mahlzeit 1 Teelöffel Schwarzrettichsaft und 1 Teelöffel Melasse auf 1 Glas warmes Wasser.

Noch ein Tipp bei Gallensteinen

Sehr gut bewährt hat sich bei Gallensteinen auch eine Mischung aus 3 Teelöffeln Haarlemöl (es besteht aus einem geschwefelten Öl unter Zusatz einer kleinen Menge von raffiniertem Terpentin) mit 1 Teelöffel Melasse. Man trinke die Gesamtmenge des Tees bereits vor dem Frühstück. Die Teemischung schmeckt nicht sonderlich gut, ist aber sehr wirksam.

Linderung bei Gallenkoliken

Zutaten: 10 g Gartenrautenkraut • 10 g Gänsefingerkraut
10 g Kamillenblüten • 10 g Melissenblätter • 10 g Pfefferminze
Melisse • Melasse

Anwendung: Von diesem Tee trinke man 2 Tassen mit je 1 Teelöffel Melasse zum Frühstück. Bei bestehender Schwangerschaft verzichte man auf das Gartenrautenkraut in der Mischung.

Melasse hilft auch bei Magen- und Darmschleimhautentzündungen und zeigt positive Wirkungen sogar bei Krebserkrankungen.

Magen- und Darmleiden

Die folgenden Melasserezepturen dienen zum einen der allgemeinen Stärkung des Verdauungsapparats, der Appetitanregung und zum anderen der Appetitnormalisierung bei Fehlernährung (Heißhunger auf Süßes, Gewohntsein an degenerierte Lebensmittel, übertriebener Fleischhunger usw.) sowie zur allgemeinen Magen- und Darmstärkung. Sie wirken auch gegen Magen- und Darmentzündungen und gegen Geschwüre in diesem Bereich und stabilisieren eine gesunde Magen-Darm-Flora. Damit lösen diese Teemischungen Verdauungsbeschwerden, Blähungen und Koliken und wirken normalisierend auf den Stuhlgang. Auch bei diffusen Magenschmerzen sind sie bewährt. Auf jeden Fall sollten sie von einer Umstellung auf gesündere Ernährungsgewohnheiten begleitet werden.

Teemischung bei akutem Magen-Darm-Katarrh

Zutaten: 10 g Thymiankraut • 40 g Melissenblätter • 40 g Waldmeisterkraut • 100 g Erdbeerblätter • Melasse

Anwendung: Von diesem Tee trinke man täglich 2 Tassen zum Frühstück mit je 1 Teelöffel Melasse.

Tee gegen Magen-Darm-Katarrh mit Leberstörungen

Zutaten: 20 g Fenchelsamen • 20 g Kamillentee • 30 g Lindenblüten
30 g Melisse • 40 g Holunderblüten • 60 g Pfefferminzblätter • Melasse
Anwendung: Von diesem Tee trinke man täglich 2 Tassen mit je 1 Teelöffel Melasse zum Frühstück.

Teemischung zur allgemeinen Magen- und Darmstärkung

Zutaten: 30 g Kardobenediktenkraut • 30 g Wermutkraut
30 g Tausendgüldenkraut • Melisse • Melasse
Anwendung: Von dieser Teemischung verwende man zum Aufguss nur die Hälfte der sonst üblichen Menge und gebe 1 Teelöffel Melasse pro Tasse zu. Man trinke 2 Tassen schluckweise über den ganzen Tag verteilt.

Tee zur Regulation der Magen- und Darmtätigkeit

Zutaten: 20 g Bitterklee • 20 g Wacholderbeeren
50 g Tausengüldenkraut • Melasse
Anwendung: Es wird empfohlen, jeweils 1 Tasse Tee zusammen mit 1 Teelöffel Melasse mindestens 1/2 Stunde vor den beiden Hauptmahlzeiten zu trinken.

Drei Tees gegen Magenkatarrh mit Blähungen

Zutaten: 20 g Majoranblätter • 20 g Salbeiblätter • 20 g Pfefferminze
20 g Lavendelblüten • Melasse
Anwendung: Von diesem Tee trinke man morgens und abends je 1 Tasse mit 1 Teelöffel Melasse.

Zutaten: 20 g Angelikawurzel • 30 g Augentrost • 50 g Pfefferminze
Anwendung: Von diesem Tee trinke man 3-mal täglich 1 Tasse mit je 1 Teelöffel Melasse vor den Mahlzeiten.

Zutaten: 10 g Fenchelsamen • 10 g Kümmelsamen
10 g Melissenblätter • 40 g Tausendgüldenkraut • Melasse
Anwendung: Von diesem Tee trinke man 3-mal täglich 1 Tasse mit je 1 Teelöffel Melasse vor den Mahlzeiten.

Blähungen sind vor allem ein Symptom im Rahmen des so genannten Reizdarms, d. h. vorwiegend eine Folge von funktionellen Dünn- und Dickdarmstörungen. Die dadurch entstehenden Beschwerden zu lindern, gelingt durch regelmäßige Einnahme von Melasse.

Tee gegen Blähungen mit Durchfällen

Zutaten: 20 g Salbeiblätter • 20 g Wacholderbeeren • 20 g Wegwarte 20 g Wermutkraut • 30 g Angelikawurzel • 30 g Pfefferminze 60 g Augentrost • Melisse • Melasse

Anwendung: Von diesem Tee trinke man täglich 2-mal 1 Tasse mit je 1 Teelöffel Melasse.

Magen- und darmfreundliches Pulver

Zutaten: 5 Teile Kümmel (Curvum carvi) • 4 Teile Fieberklee (Menyanthes trifoliata) • 5 Teile Echtes Tausendgüldenkraut (Centaurium umbellatum) • 1 Teil Gelber Enzian (Gentiana lutea) • 1 Teil-Wundsanikel (Sanicula europaea) • 2 Teile Dill (Anethum graveollens) 1 Teil Echte Angelikawurzel (Angelica archangelica) • Melasse

Anwendung: 3-mal täglich nehme man je 2 Gramm dieser Pulvermischung mit 1 Teelöffel Melasse in heißem Wasser.

Der Magen-Darm-Bereich ist ein sehr empfindliches Biotop aus Milliarden von Bakterien und Pilzen. Melasse unterstützt die Gesunderhaltung der Darmflora.

Magerkeit

Magerkeit kann psychisch bedingt oder durch die Fehlfunktion innersekretorischer Organe verursacht sein. Nicht selten ist sie auch ein Symptom anderer Krankheiten (Diabetes mellitus, Aids). Bei fortgesetztem Gewichtsverlust ist auf jeden Fall ein Arzt zu konsultieren. Hilfreich ist Melasse in Verbindung mit verschiedenen anderen Heilpflanzen vor allem deshalb, weil sowohl ernährungs- als auch psychisch bedingte Formen der Magerkeit gut auf diese Behandlung ansprechen. Im Vordergrund stehen auch hier vor allem Teerezepte.

Teemischung I gegen Appetitlosigkeit

Zutaten: 30 g Schafgarbe • 30 g Wacholderbeeren • 40 g Johanniskraut • 20 g Bockshornklee • 20 g Quassiarinde • Melasse

Anwendung: Man setze die Hälfte dieser Teemischung über Nacht in kaltem Wasser an. Die andere Hälfte überbrühe man mit siedendem Wasser und lasse sie 10 Minuten ziehen. Beide Auszüge gieße man zusammen und gebe pro Tasse 1 Teelöffel Melasse dazu. Getrunken werden 2 Tassen über den Tag verteilt.

Teemischung II gegen Magerkeit

Zutaten: 20 g Fenchel • 40 g Kamille • 20 g Chinarinde • 30 g Condurangorinde • 20 g Eisenkraut • Melasse

Anwendung: Von diesem Tee trinke man über den Tag verteilt 2 Tassen mit je 1 Teelöffel Melasse. Bei bekannter Chinarindenallergie verzichte man selbstverständlich auf die Chinarinde.

Migräne, Kopfschmerzen

Kopfschmerzen und zum Teil auch Migräne sind keine von anderen Körperfehlfunktionen unabhängigen Erscheinungen. Oft sind sie durch Stress, Hektik, Arbeitsüberlastung oder Lärm bedingt. Manchmal werden sie auch durch Stoffwechselprobleme und damit in der Regel durch eine falsche Ernährung hervorgerufen, oft auch durch falsche Atemgewohnheiten, und schließlich können sie als Folge von Wirbelsäulendeformationen bei mangelhafter Bewegung, schlechter Körperhaltung usw. über die Halswirbelsäule hervorgerufen werden.
Daneben gibt es – vor allem bei wetterfühligen Patienten – auch eine angeborene Migräneveranlagung. In den meisten Fällen ist eine Heilung oder wenigstens eine Linderung nur durch eine gründliche Umstellung der Lebensgewohnheiten zu erreichen. Oft ist eine Melassekur ein guter erster Schritt dazu, denn die Melasse kompensiert zum großen Teil wertlose Nahrung, lenkt den Appetit weg von erhöhtem Zuckerbedarf in gesunde Bahnen und versorgt das Gehirn mit wertvollen Mineralstoffen. Gezielte Therapievorschläge sind hier deshalb entbehrlich.

Manche Migränepatienten machen gute Erfahrungen mit dem krampflösenden Mineralstoff Magnesium. Er hilft allerdings nicht bei einem akuten Anfall, sondern vorbeugend über eine dauerhaft gute Magnesiumversorgung. Melasse ist reich an Magnesium und kann hier die Nahrung sinnvoll ergänzen.

Nachtschweiß

Hier eignen sich je nach der Ursache bzw. den Begleitumständen die unter den Stichworten »Verstopfung, chronische«, »Magen- und Darmleiden«, »Nervosität«, »Herz- und Kreislaufleiden« sowie »Wechseljahrebeschwerden« genannten Rezepturen. Achten Sie auf die entsprechenden Anweisungen zur Zubereitung der Rezepturen unter den genannten Stichwörtern.

Nervosität, nervöse Schlaflosigkeit

Viele Menschen neigen dazu, dem Teufelskreis von Stress, Schlaflosigkeit und Leistungsmangel durch noch mehr Stress und noch mehr Schlaflosigkeit durch Tabletten oder Alkohol zu entfliehen. Da Beruhigungsmittel aber niemals die Ursachen von Schlafstörungen beheben können, empfiehlt sich so ein natürliches Mittel wie Melasse.

Diesen Phänomenen können vorübergehende Ursachen zugrunde liegen wie z. B. Stress oder Sorgen. Es können sich dahinter auch körperliche Erkrankungen verbergen. Häufig sind Schlafstörungen auch durch chronische Schmerzen bedingt, in deren Folge die nächtliche Ruhe gestört wird. Besonders geplagt sind Patienten mit rheumatischen Beschwerden, Bandscheibenleiden, Atemwegs- und Herz-Kreislauf-Erkrankungen. Oftmals sind sie aber auch durch Fehlernährung oder Störungen des Nervensystems verursacht.

Milchtrunk

Anwendung: Man nehme morgens, mittags und abends je 1 Teelöffel Melasse in 1 Glas heißer Milch und gebe dazu 5 Tropfen Fenchel- und 5 Tropfen Melissenöl.

Beruhigende Teemischung I

Zutaten: 40 g Fieberklee • 30 g Baldrianwurzel • Melasse
Anwendung: Von diesem Tee trinke man abends 1 bis 2 Tassen mit jeweils 1 Teelöffel Melasse.

Ein bewährtes Hausmittel gegen Schlafstörungen ist das beruhigende Melassebad am Abend. Wichtig ist es, hierbei auf eine Temperatur von ca. 38 °C zu achten und eine Badedauer von 15 bis 20 Minuten nicht zu überschreiten.

Entspannende Teemischung II

Zutaten: 20 g Fieberklee • 20 g Pfefferminze • 30 g Angelikawurzel 30 g Baldrianwurzel • Melasse

Anwendung: Von diesem Tee trinke man täglich 2 bis 3 Tassen mit je 1 Teelöffel Melasse.

Entspannende und beruhigende Wannenbäder

Bewährt ist auch ein heißes Wannenbad am Abend (bei Bedarf jeden zweiten bis dritten Tag) mit Melassezusatz.

Zutaten für Bad I: 300 g schwarze Melasse, aufgelöst in einem handelsüblichen Melissenbad

Zutaten für Bad II: 300 g schwarze Melasse, aufgelöst in einem handelsüblichen Schwefelbad

Nervenstärkendes Pulver

Zutaten: 5 Teile Fieberklee (Menyanthes trifoliata) • 5 Teile Echte Nelkenwurz (Geum urbanum) • 1 Teil Echtes Eisenkraut (Verbena officinalis) • Melasse

Anwendung: 3-mal täglich nehme man je 2 Gramm dieser Pulvermischung mit 1 Teelöffel Melasse in heißem Wasser.

Pulvermischung gegen Nervenschmerzen (Neuralgien)

Zutaten: 5 Teile Ackergauchheil • 4 Teile Fieberklee (Menyanthes trifoliata) • 1 Teil Pfefferminze • Melasse

Anwendung: 4- bis 5-mal täglich nehme man je 2 Gramm dieser Pulvermischung mit jeweils 1/2 Teelöffel Melasse in heißem Wasser.

Reichlich Trinken spült die Nieren und die Blase und nützt dem Stoffwechsel im Allgemeinen. Zwei bis drei Liter Wasser oder kalorienarme Flüssigkeit täglich sollten es schon sein, an heißen Tagen auch mehr.

Nierenleiden

Teemischung bei stoffwechselbedingten Nierenleiden

Zutaten: 10 g Blasentang • 10 g Attichwurzel • 20 g Faulbaumrinde 20 g Kreuzdornbeeren • 20 g Erdrauchkraut • Melasse

Anwendung: Die Tagesdosis beschränkt sich auf 1 Tasse mit 1 Teelöffel Melasse zum Frühstück.

Stoffwechselbedingte Nierenleiden gehen häufig auch mit Darmproblemen einher. Falls Nierenerkrankungen zu chronischen Leiden werden, sollten sie bis zur vollständigen Ausheilung von einem Arzt überwacht werden.

Tee bei Nieren- und Blasensteinen

Zutaten: 10 g Attichwurzel • 10 g Brennnesselwurzel • 10 g Eberwurzel • 10 g Kalmuswurzel • 10 g Pfefferminze • 20 g Schachtelhalm 30 g Holunderblüten • 30 g Lindenblüten • 30 g Wacholderbeeren 40 g Hagebuttenkerne • Melasse

Anwendung: Der Tee sollte folgendermaßen bereitet werden: 1 gehäuften Teelöffel der Pflanzenmischung koche man ca. 15 Minuten in 1 Tasse Wasser. 1 weiterer gehäufter Teelöffel Pflanzenmischung wird mit 1 Tasse Wasser aufgebrüht. Nach dem Abseihen beider Flüssigkeiten werden sie zusammengegossen und 2 Teelöffel Melasse darin aufgelöst. Man trinke die Gesamtmenge zum Frühstück.

Linderung bei akuten Nierenkoliken und Krampfzuständen

Zutaten: 10 g Krappwurzel • 20 g Hauhechelwurzel • 30 g Queckenwurzel • 40 g gemahlener Leinsamen • Melasse

Anwendung: Man lasse diesen Tee (1 Teelöffel pro Tasse) kurz aufkochen, seihe ihn ab und gebe auf 1/2 Liter 1 Esslöffel Melasse zu. Getrunken wird der Tee bei Bedarf tassenweise bis hin zur Rotfärbung des Urins.

Pulver zur Unterstützung der Nieren und der Nierenfunktion

Zutaten: 1 Teil Liebstöckel (Levisticum officinale) • 1 Teil Stängellose Eberwurz (Carlina acaulis) • 2 Teile Dornige Hauhechel (Ononis spinosa) • 2 Teile Echtes Mädesüß • Melasse

Anwendung: Morgens und abends nehme man je 2 Gramm dieser Pulvermischung mit 1 Teelöffel Melasse in 1 Glas heißem Wasser.

Tipp zur Anregung der Nieren

Zur allgemeinen Verbesserung der Nierentätigkeit eignet sich auch Selleriesaft (frischer Presssaft aus dem Kraut oder als handelsübliche Reformhausware) und zwar 2-mal täglich 1 Esslöffel des Safts zusammen mit 1 Teelöffel Melasse in kaltem oder lauwarmem (nicht heißem) Wasser. Statt des Selleriesafts kann man auch morgens und abends je 1 Glas Wasser trinken, in das man am Vortag 1 Teelöffel zerdrückten Selleriesamen und 1 Teelöffel Melasse gegeben hat.

Dem heilkräftigen und schmackhaften Gartensellerie wird nicht nur eine harntreibende und libidofördernde Wirkung zugeschrieben, er ist auch ein ausgezeichneter Vitamin-B-Lieferant.

Pulver bei Nierenbeckenentzündungen

Zutaten: 1 Teil Liebstöckel (Levisticum officinale) • 2 Teile Weiße Taubnessel (Lamium album) • 6 Teile Färberröte (Rubia tinctorum) 8 Teile Alpenbeerentraube (Arctostaphylus uva ursi) • Melasse

Anwendung: Die genannten Heilkräuter mischen und von dieser Pulvermischung täglich 2 Gramm mit je 1 Teelöffel Melasse in 1 Tasse heißem Wasser auflösen und einnehmen.

Pulver gegen Nierenentzündungen

Zutaten: 5 Teile Ackergauchheil (Anagallis arvensis) • 3 Teile Echter Salbei (Salvia officinalis) • 2 Teile Dornige Hauhechel (Ononis spinosa) • 4 Teile Alpenbärentraube (Arctostaphylus uva ursi)

Anwendung: Die genannten Heilkräuter mischen und von dieser Pulvermischung 3-mal täglich 2 Gramm mit je 1 Teelöffel Melasse in 1 Tasse heißem Wasser auflösen und einnehmen.

Pulver gegen Nierengries und Nierensteine

Zutaten: 2 Teile Färberröte (Rubia tinctorum) • 1 Teil Dornige Hauhechel (Ononis spinosa) • 3 Teile Alpenbeerentraube • Melasse

Die wichtigste Aufgabe der Nieren ist die Entgiftung des Organismus. Mit dem Urin, der zu 95 Prozent aus Wasser besteht, werden zahllose Schlacken und Gifte ausgeschieden wie z. B. Harnstoff, Harnsäure, überschüssiges Kochsalz sowie unbrauchbare Mineralien und auch ein Großteil der chemischen Umweltsubstanzen, die mit der Nahrung aufgenommen werden.

Anwendung: Von dieser Pulvermischung nehme man 3-mal täglich 2 Gramm mit je 1 Teelöffel Melasse in 1 Tasse heißem Wasser.

Rheumatische Erkrankungen

Rheumatische Erkrankungen, dazu gehören Gicht, Ischiasschmerzen, Hexenschuss usw; sind meist keine klinisch klar beschreibbaren Einzelerkrankungen. Sie können unterschiedliche Ursachen und nicht selten auch mehrere Ursachen gleichzeitig haben. Es handelt sich eigentlich fast immer um Folgen von Stoffwechselstörungen aufgrund falscher Ernährung, seltener auch um Spätfolgen verschleppter Infektionen. Grundsätzlich bewähren sich bei diesem Symptomenkreis und Krankheiten die unter den Stichworten »Blutreinigung«, »Nierenleiden« und »Verstopfung, chronische« angegebenen Rezepturen.

Besonders nach akuten Rheumaschüben hilft die Melasse, den Stoffwechsel anzukurbeln, und trägt so dazu bei, dass Stoffwechselschlacken und -gifte, die bei den entzündlichen Prozessen anfallen, schnellstmöglich aus dem Körper heraustransportiert werden.

Spezielle Teemischungen

Zutaten: 20 g Queckenwurzel • 20 g Gierschwurzel • Melasse
Anwendung: Von dieser Teemischung trinke man täglich 2 Tassen mit je 1 Teelöffel Melasse.

Zutaten: 20 g Spierstaudenblüten • 20 g Lindenblüten • 20 g Goldrutenkraut • 20 g Johanniskraut • 20 g Holunderblüten • Melasse
Anwendung: Von diesem Tee trinke man täglich 2 Tassen mit je 1 Teelöffel Melasse.

Tee gegen rheumatische Beschwerden

Zutaten: 10 g Wacholderbeeren • 20 g Bohnenschalen
20 g Heidelbeerblätter • Melasse
Anwendung: Es wird empfohlen, von dieser Teemischung täglich 3-mal je 1 Tasse mit 1 Teelöffel Melasse vor den jeweiligen Mahlzeiten langsam zu trinken.

Schlaflosigkeit

siehe Nervosität, nervöse Schlaflosigkeit

Stundenlanges Sitzen macht die Knochen und Gelenke krank. Entspannungsübungen für Zwischendurch geben wieder Schwung und helfen, die Beweglichkeit des Körpers zu erhalten.

Schlaganfall

Die Behandlung eines Schlaganfalls und seiner Folgeschäden gehört selbstverständlich in die Hand des Arztes. Vorbeugend schützen kann man sich durch die unter dem Stichwort »Herz- und Kreislaufleiden« angegebenen Rezepturen sowie natürlich durch eine grundsätzlich gesunde Lebensweise mit Vollwerternährung und Verzicht auf Nikotin und durch ausreichend Bewegung.

Skelett, Erkrankungen der Knochen und Gelenke

Die Heilwirkung der Melasse auf das Skelett und die Gelenke wird im Kapitel »Melasse als Nahrung« (siehe Seite 36ff.) erklärt.

Tee bei Knochenerkrankungen

Zutaten: 30 g Beinwellwurzel • 30 g Walnussblätter • Melasse

Anwendung: 1 Teelöffel Trockenkräuter wird über Nacht in 1 1/2 Glas kaltem Wasser angesetzt, dann abgeseiht. Den Rückstand mit etwa 1 1/2 Glas kochendem Wasser überbrühen, 10 Minuten ziehen lassen.

Gemäß der biochemischen Medizin ist die Mehrheit der heilbaren Krankheiten die Folge eines Mineralsalzmangels. Es ist deshalb keine Überraschung, dass besonders die Folgen vieler Schlaganfälle mit einer Melassetherapie gelindert werden können.

Man mische nach dem Abseihen beide Teilmengen und füge 2 Teelöffel Melasse zu. Die Gesamtmenge wird tagsüber schluckweise getrunken. Dieser Tee eignet sich auch für Umschläge bei Prellungen, Verstauchungen und Quetschungen. Zum Abheilen dieser Verletzungen kann er aber ebenfalls auch innerlich angewendet werden.

Ein weiteres Rezept gegen Knochenleiden

Zur Behandlung von Knochenleiden generell eignet sich auch Gottesgnadenkrautpulver, und zwar täglich 2-mal 1 Gramm mit je 1 Teelöffel Melasse in 1 Glas Wasser.

Teeempfehlung bei Arthritis und Arthrose

Zutaten: 10 g Echtes Seifenkraut • 10 g Gentinea lutea • 20 g Rainfarn 20 g Rostfarbige Alpenrose • Melasse
Anwendung: Von dieser Teemischung trinke man tagsüber schluckweise 2 Tassen mit je 1 Teelöffel Melasse.

Wer bei Verstopfung automatisch zum Abführmittel greift, erweist seinem Körper einen schlechten Dienst. Die natürlichen Ballaststoffe in der Melasse regulieren den Stuhlgang vielleicht nicht ganz so schnell, aber nachhaltig und sorgen dafür, dass der vielleicht etwas träge gewordene Darm wieder aktiv wird.

Verstauchungen

Siehe Skelett

Verstopfung, chronische

Ist die Verstopfung auf denaturierte Nahrung, vor allem auf den Genuss von Weißmehlprodukten wie Weißbrot oder Weißmehlnudeln zurückzuführen, dann genügt Melasse allein meist nicht. Hier empfiehlt sich zusätzlich die Einnahme von Ballaststoffen wie Weizenkleie und natürlicher »Schmiermittel« wie Leinöl. Auch reichlich Bewegung wirkt Wunder.
Dringend abzuraten bei der Behandlung von chronischer Verstopfung ist von dem manchmal ärztlich verordneten Paraffin, denn es absorbiert lebenswichtige Vitamine, die dem Körper dann verloren gehen. Oft ist die Ursache für chronische Verstopfung aber in einem Mangel an Mineralsalzen oder in einer gestörten Gallenblasenfunktion zu suchen. Hier hilft Melasse auch ohne »Schmiermittel«.

Melasse zum Frühstück

Die tägliche Frühstücksmelassedosis sollte auf 1 Esslöffel erhöht werden. Er wird in einer der folgenden 3 Teemischungen gelöst:

Zutaten: 20 g Augentrost • 40 g Sauerdornwurzel • 40 g Schlehdornblüten • Melasse

Anwendung: Von diesem Tee trinke man 1 bis 2 Tassen zum Frühstück mit 1 Esslöffel Melasse.

Zutaten: 10 g Schachtelhalmkraut (Zinnkraut) • 10 g Schafgarbe
20 g Faulbaumrinde • 50 g Holunderblüten • 20 g Pfefferminze
Melasse

Anwendung: Auch von dieser Teemischung trinke man zum Frühstück 2 Tassen mit 1 Esslöffel Melasse.

Zutaten: 20 g Löwenzahnwurzel • 20 g Erdrauchkraut • 20 g Schafgarbe • 20 g Faulbaumrinde

Anwendung: Von dieser Teemischung trinke man zum Frühstück 1 Tasse mit 1 Esslöffel Melasse.

Verdauungsförderndes Pulver

Zutaten: 2 Teile Echte Nelkenwurz (Geum urbanum) • 1 Teil Gottesgnadenkraut (Gratiola officinalis) • 1 Teil Rainfarn (Chrysanthemum vulgare) • Melasse

Anwendung: 1 Esslöffel Melasse sollte mit 3 Gramm des Pulvers in heißem Wasser zum Frühstück eingenommen werden.

Bei Verstopfung lässt die Darmperistaltik immer mehr nach, und die Passage des Darminhalts stagniert zunehmend. Das führt zu einem Teufelskreis: Je länger die Speisereste im Darm bleiben, umso mehr Flüssigkeit wird ihnen entzogen. Dadurch kommt es zu einer Stuhlverhärtung und einer Verstärkung der Verstopfung.

Wechseljahrebeschwerden

Anwendung: Empfohlen wird ein Tee aus Echtem Herzgespann. Das Kraut wird über Nacht zusammen mit 1 Teelöffel Melasse pro Tasse kalt angesetzt. Getrunken wird davon morgens und abends je 1 Tasse.

Zuckerkrankheit

Siehe Diabetes mellitus

Melasse zur wohltuenden Pflege für Körper und Seele.

Viele der Feuchtigkeitscremes, Reinigungswässerchen, dicken Schönheitsmasken, Make-ups und anderen Kosmetika schaden der Haut oft mehr, als sie ihr nützen. Schönheit und Gesundheit der Haut sind am ehesten von innen her, durch den Stoffwechsel, zu beeinflussen.

Weitere Möglichkeiten, Melasse anzuwenden

An sich wäre es gar nicht erforderlich, ein eigenes Kapitel über Melasse und Körperpflege zu schreiben; denn was ist Körperpflege anderes, als dem Ziel, einen schönen Körper zu bekommen oder zu erhalten, möglichst nahe zu kommen? Ein gesunder Körper ist schön, und Melasse macht gesund.

Melasse und Körperpflege

Kaum von etwas anderem war bisher die Rede. »Wahre Schönheit kommt von innen«, sagt das Sprichwort, und sind die Ernährung, die Verdauung und der Kreislauf in Ordnung, dann sehen auch meist Haut, Haare und Nägel blendend aus. Stimmen Hormon-, Fett- und Wasserhaushalt des Körpers, dann gibt es kaum jemals überschüssige Pfunde noch Anzeichen von Magersucht. Trotzdem sollen hier noch ein paar Anregungen zeigen, dass Melasse nicht nur etwas für kranke Menschen ist.

Wer seine Haut rein und elastisch erhalten will, den wird die tägliche Melassedosis von einem bis zwei Teelöffeln nicht enttäuschen. Wer aber akute Hautprobleme hat, sei es Akne, sei es matte, graue oder fettige Haut, der sollte die tägliche Melassemenge für einige Monate verdoppeln und Melasse auch äußerlich an seinen Körper lassen.

Melassebad für eine schöne Haut

Folgendes Bad, das bei akuten Fällen jeden zweiten bis dritten Tag angewandt werden sollte, hilft gegen Unreinheiten der Haut wie z. B. Akne und klärt die Haut, so dass sie frischer aussieht.

Man rührt in eine Badewanne mit ca. 35 °C warmem Wasser etwa 500 Gramm Melasse ein, badet darin vor dem Schlafengehen etwa 10 bis 15 Minuten und duscht anschließend – ohne sich abzuseifen –

so kalt wie man es verträgt. Dabei sollte der kalte Wasserstrahl aufsteigend geführt werden: erst an die Füße, dann an die Beine und Arme, danach auf den Bauch und den Oberkörper und zum Schluss ins Gesicht und an den Kopf. Anschließend geht man sofort ins Bett. Ein solches Melassebad erweist sich nicht nur für die Haut wohltuend, es entspannt und beruhigt zugleich, und um den folgenden Schönheitsschlaf braucht man sich keine Sorgen zu machen, vor allem wenn man vor dem Einschlafen noch 1 Tasse warme Milch mit 1 Teelöffel Melasse trinkt. So ganz nebenbei wirkt dieses Schönheitsbad auch noch ausgesprochen heilend bei Arthrose und Arthritis.

Zum Aufbau der Haut wird auch Zink benötigt, ein wertvolles und seltenes Spurenelement, das reichlich in Vollkornprodukten, aber auch in Bier, Weizenkleie sowie in Melasse enthalten ist.

Durchblutungsfördernde Melasseanwendung

Geschwollene Beine, geplatzte Äderchen an den Beinen und hässliche Krampfadern lassen sich ebenfalls mit Melassebädern positiv beeinflussen. Hierbei empfehlen sich Fuß- und Unterschenkelwechselbäder mit jeweils 3 bis 4 Esslöffeln Melasse pro Eimer Wasser: 3 Minuten möglichst heiß, 3 Minuten möglichst kalt, dann wieder heiß usw., bis man insgesamt 4 Temperaturwechsel durchlaufen hat. Erfreulicher Nebeneffekt: nie mehr kalte Füße!

Schöne Haare und Nägel

Geschädigte Haare und Nägel regenerieren sich, wie schon erwähnt, gut durch die Einnahme von Melasse. Das gilt allerdings nicht für die meisten Fälle von Haarausfall, nämlich wenn die Haaranlagen in der Haut bereits tot sind. Dafür vermag eine Kopfhautmassage mit etwas verdünnter Melasse nach dem Haarewaschen das natürliche Altersergrauen der Haare zu verzögern und manchmal bis zu einem gewissen Grad sogar wieder rückgängig zu machen. Man lasse zu diesem Zweck die Melasse 3 bis 5 Minuten einwirken, bevor man sie mit klarem Wasser wieder ausspült. Diese Haarkur sollte von der täglichen Einnahme von Melasse begleitet werden. Günstiger Nebeneffekt: Kopfschuppen verschwinden ebenfalls, vor allem, wenn man die Melasse für die Spülung nicht mit Wasser, sondern mit Apfelessig verdünnt.

Melassebier und Treaclebrittles

Auch vielerlei Nachspeisen kann Melasse zugeführt werden. Zu gekochtem Apfelmus beispielsweise kann man pro 3 Tassen Apfelmus 1/2 Tasse rohe, schwarze Melasse gut einrühren. Das Apfelmus wird dadurch reicher an Mineralstoffen und erhält einen neuen, kräftigen Geschmack.

Dass Rohrzuckermelasse nicht gerade sonderlich schmackhaft ist, werden Sie schon bei Ihren ersten Experimenten mit der schwarzen Substanz herausgefunden haben. Zum Glück gibt es nicht wenige Küchenrezepte, die hier Abhilfe schaffen können. Die Beliebtheit der Melasse im Haushalt in den vergangenen Jahrhunderten lässt sich übrigens nicht durch einen Geschmackswandel der gesamten Menschheit erklären. Nein, die Melasse selbst hat sich erheblich gewandelt.

Melasse gestern und heute

Sie war früher süßer, und ihr Geschmack war nicht so intensiv wie heute, denn sie war weitaus weniger konzentriert. Das liegt an den sich ändernden Verfahren der Rohrzuckergewinnung. Die Ausbeute an Zucker stieg, und die übrig bleibende Melasse wurde natürlich prozentual weniger, dafür aber konzentrierter. Dass Melasse in praktisch allen Rezepten hoch erhitzt wird, mindert nicht ihren Gesundheitswert, denn bereits während ihrer Herstellung wurde sie über 100 °C heiß, was ihre wirksamen Inhaltsstoffe nicht zerstört.

Bei der Herstellung von schwarzer Melasse wird die Masse über 100 °C erhitzt. Also keine Angst beim Zubereiten warmer Melassespezialitäten. Die Nährstoffe bleiben erhalten.

Melassebier à la George Washington

Dieses Rezept ist eher eine historische Kuriosität als unbedingt zur Nachahmung zu empfehlen. Es stammt von keinem Geringeren als George Washington, der es eigenhändig 1757 notierte.

»Nimm ein großes Glas Kleie, dazu Hopfen nach Geschmack, koche die Menge drei Stunden lang, dann seihe 30 Gallonen in einen Kühlbottich. Gib drei Gallonen Melasse dazu, während das Bier kochend heiß ist, oder noch besser, schütte die Melasse in den Kühlbottich und seihe das kochende Bier (die kochende Würze) darauf. Laß den Aufguß abkühlen, bis er etwas mehr als lauwarm ist, und füge dann ein Quart Hefe hinzu. Ist das Wetter sehr kalt, so bedecke den Bottich mit einer Decke. Laß nun die Melasse im Kühlbottich 24 Stunden gären, und fülle sie dann in ein Faß. Das Spundloch muß offen bleiben, bis die Masse beinahe ausgegoren ist. Endlich fülle das Bier auf Flaschen, nachdem seit dem Brautag eine Woche vergangen ist.«

Ingwer zu diesem Rezept kann man frisch, getrocknet oder gemahlen kaufen. Pulverisierter Ingwer ist ein beliebtes Würzmittel für Kuchen und Plätzchen, besonders schmackhaft ist er in Verbindung mit Rosinen.

Melasserezepte zum Ausprobieren

Rosinen-Ingwer-Brot

In June Platt's »New England Cook Book« findet sich folgendes Rezept:

Zutaten: 150 g Zucker • 150 ml Melasse • 150 ml kochendes Wasser
30 g Butter • 1 TL Natron • 75 g Rosinen • 60 g Walnüsse • 1 Ei
175 g Mehl • 1 TL gemahlener Ingwer • 1 TL gemahlener Zimt
1/4 TL gemahlene Nelken

Zubereitung: Zucker, Melasse und kochendes Wasser werden miteinander verrührt. Unter die noch heiße Mischung zieht man die Butter und das Natron. Nach dem Abkühlen fügt man Rosinen, Walnüsse und das gut geschlagene Ei hinzu. Danach werden noch Mehl, gemahlener Ingwer und Zimt sowie gemahlene Nelken hinzugegeben. Mit dem Teig füllt man eine gut gebutterte Backform und lässt das Ganze bei 180 °C (Gas Stufe 2 bis 3) 35 bis 40 Minuten ausbacken. Fertig ist das Ingwerbrot, wenn es an einem hineingestochenen Holzstäbchen nicht mehr klebt. Serviert wird es warm oder kalt mit leicht geschlagener Sahne.

Teisen Sinsir

Hinter dem gälischen Namen verbirgt sich ein walisisches Ingwerkuchenrezept.

Zutaten: 500 g Melasse • 125 g Butter • 60 g brauner Zucker
30 g Orangeat oder Zitronat • 2 Eier • 500 g Mehl
30 g gemahlener Ingwer • 1 TL Natron • Milch

Zubereitung: Melasse, Butter und brauner Zucker werden in einem Topf bei schwacher Hitze unter ständigem Rühren zum Schmelzen gebracht. Dann verrührt man getrennt das Orangeat oder Zitronat mit den gut geschlagenen Eiern. Zu dieser Masse gibt man nach und nach das Mehl, den gemahlenen Ingwer, das Natron und schließlich die Melassemischung. Mit viel untergerührter Milch wird das Ganze dann zu einem dickflüssigen Teig verdünnt. Den gießt man in eine gut gefettete runde Backform, die dann für etwa 45 Minuten in einen auf 180 °C (Gas Stufe 2) vorgeheizten Backofen geschoben wird. Fertig ist der Kuchen, wenn an einem hineingestochenen Holzstäbchen kein Teig mehr haften bleibt.

Die verschiedenen Kuchen mit Melasse eignen sich zu den unterschiedlichsten Mahlzeiten. Für ein herzhaftes Frühstück sind sie eine ebenso schmackhafte Bereicherung wie zum Nachmittagskaffee.

Molasses Cake

Einen Melassekuchen ähnlicher Art stellt auch der Küchenchef Oscar Tschirky in seinem Waldorf-Kochbuch vor.

Zutaten: 1 kg Mehl • 250 g Butter • 250 g Zucker • 2 EL gemahlener Ingwer • 1 EL Natron • 1/4 l Sauermilch • 1/2 l Melasse • Wasser

Zubereitung: In einer großen Schüssel wird das Mehl mit der Butter glatt gerührt. Dann werden der Zucker und der gemahlene Ingwer untergeknetet. Das Ganze löst man in etwas warmem Wasser und gibt es zusammen mit der Sauermilch sowie der Melasse zu dem Teig, der ziemlich klebrig sein sollte. Der Teig wird dann gründlich durchgeknetet. Wird er dabei zu fest, gibt man etwas Wasser zu, ist er zu dünn, wird Mehl dazugegeben. Anschließend füllt man den Teig in eine mit Butter ausgestrichene, quadratische Backform und lässt ihn in einem auf 190 °C (Gas Stufe 3) vorgeheizten Backofen etwa 50 Minuten lang backen, bis kein Teig mehr an einem hineingestochenen Holzstäbchen kleben bleibt. Der angeschnittene Kuchen sollte innen eine ziemlich dunkle Färbung aufweisen.

Bolos de Mel da Ilha da Madeira

Aus der alten portugiesischen Zuckerrohrhochburg Madeira stammt das folgende Rezept für 4 Melassebrote von etwa 25 Zentimeter Durchmesser.

Zutaten für einen Sauerteig: 15 g frische Hefe oder 4 g Trockenhefe
600 ml Wasser • 250 g Hartweizenmehl

Zubereitung eines Sauerteigs: Die Hefe wird mit 600 Milliliter Wasser vermischt und etwa 15 Minuten stehen gelassen. Auf die Hefemischung wird nach und nach das Hartweizenmehl gestreut und untergerührt. Der Teig braucht nicht ganz glatt zu sein, weil die Hefe eventuelle Klümpchen auflöst. In einer Schüssel lässt man diese Mischung – mit Frischhaltefolie abgedeckt – 24 Stunden lang an einem warmen Platz (mindestens Zimmertemperatur) ruhen, bis sie schaumig ist. Besser wird der Sauerteig, wenn man ihn noch 1 oder 2 Tage länger stehen lässt.

Zutaten für den Brotteig: reifen Sauerteig • 2 kg Hartweizenmehl
2 1/2 kg fein gemahlene Haselnüsse • 500 g fein gehacktes Zitronat
4 TL gemahlener Zimt • 2 TL gemahlene Gewürznelken • 25 g gemahlener Anis • 2 TL frisch gemahlener schwarzer Pfeffer • 1 TL Salz
1 kg weiche Butter • 350 g weiches Schweineschmalz • 3/4 l Rohrmelasse • 750 g brauner Zucker • Saft von 3 Orangen • 3 EL Natron
150 ml Weinbrand • 150 ml Madeira • 1/4 l lauwarmes Wasser

Zubereitung des Brotteigs: Den reifen Sauerteig mit 60 Gramm Hartweizenmehl vermischen, gründlich verkneten, zu einer Kugel formen und weitere 6 Stunden lang an einem warmen Platz ruhen lassen. Diese lange Zeit ist erforderlich, damit der Sauerteig aufgehen kann; dabei wächst sein Volumen um das Doppelte.

Nun gibt man das restliche Hartweizenmehl, die fein gemahlenen Haselnüsse und das fein gehackte Zitronat in eine Schüssel. Man fügt den Zimt, die gemahlenen Gewürznelken, den Anis, den frisch gemahlenen schwarzen Pfeffer und das Salz hinzu und vermischt alle Zutaten gut. Nun drückt man in die Mitte eine Vertiefung und gibt in diese die weiche Butter, das weiche Schweineschmalz und den Sauerteig. Die Zutaten müssen gut miteinander vermischt werden, so dass alles gleichmäßig verteilt ist.

Madeirakuchen oder -brote passen sehr gut zu Fruchtsalaten und Cremespeisen. Für eine schnelle, einfache Nachspeise kann man ihn mit leicht gedämpften Früchten, z. B. Schwarzen Johannisbeeren, und Sahne oder dickem Joghurt servieren.

Als nächstes werden die Rohrmelasse und der braune Zucker gemeinsam in einem Topf erhitzt, bis sich der Zucker aufgelöst hat. Dieser Masse fügt man den Saft der Orangen, das Natron, den Weinbrand und den Madeira zu. Ist diese Mischung abgekühlt, dann gibt man sie zu dem Teig. Der Topf wird anschließend mit 1/4 Liter lauwarmem Wasser ausgespült, das ebenfalls in den Teig gegossen wird. Dazu zieht man die Teigkugel mit den Fingern auseinander und verknetet sie gründlich mit den weiteren Zutaten. Dann wird sie mit zusätzlichem Mehl bestäubt und in ein dickes Tuch gewickelt, damit sie etwa 48 Stunden gehen kann.

Jetzt endlich kommt das Backen: 4 Formen von 25 Zentimeter Durchmesser werden mit Butter ausgestrichen und mit geriebenen Mandeln, Haselnüssen und Zitronat ausgestreut. Nun wird der Teig eingefüllt. Die Backdauer beträgt im vorgewärmten Ofen bei 190 °C (Gas Stufe 3) etwa 50 Minuten. Die Brote sind fertig gebacken, wenn sie schön goldbraun sind.

Zimt, dieser milde, fein aromatische Geschmacksverfeinerer, eignet sich als Würze für süße und pikante Gerichte genauso wie für Gebäck. Zusammen mit Ingwer und Nelken verleiht er dem Gingerbread eine raffiniert-markante Note.

Gingerbread

Dieses Rezept stammt aus einem Koch- und Backbuch von Margaret Wade:

Zutaten: 125 g brauner Rohrzucker • 125 g Rohrzuckermelasse
1 TL gemahlener Zimt • 1 TL gemahlener Ingwer
1/8 TL gemahlene Nelken • 90 g Butter • 1 1/2 TL Backpulver
500 g gesiebtes Mehl • Salz • 1 Ei

Zubereitung: Bei zunächst niedriger Temperatur löst man in einem Topf mit schwerem Boden den Rohrzucker und die Rohrzuckermelasse zusammen mit dem gemahlenen Zimt, dem gemahlenen Ingwer, den gemahlenen Nelken und der Butter auf und bringt die Masse langsam zum Sieden.

Ist sie wieder auf Raumtemperatur abgekühlt, wird das Backpulver untergerührt. Dann gibt man gesiebtes Mehl mit 1 Prise Salz in eine Schüssel, drückt in die Mitte eine Mulde und gibt die Melassemischung sowie 1 leicht geschlagenes Ei hinein. Von der Mitte her wird nun das Mehl mit der Melassemasse vermischt. Anschließend muss man den Teig gut kneten und dann für mindestens 30 Minuten in den

Kühlschrank legen. Der gut gekühlte Teig wird 3 Millimeter stark ausgerollt. Mit Keksausstechern gibt man ihm die gewünschten Formen, die auf ein gut mit Fett ausgestrichenes Backblech gelegt werden. Im vorgeheizten Ofen werden die Plätzchen bei 170 °C (Gas Stufe 2) 8 bis 10 Minuten gebacken. Sind sie abgekühlt, kann man sie mit einer Puderzuckerglasur aus dem Spritzbeutel verzieren.

Je dünner man den Teig ausrollt, umso knuspriger werden die Plätzchen. Sehr knusprig werden sie, wenn Sie den Teig drei Millimeter dünn ausrollen. Für leicht knusprige Plätzchen rollen Sie fünf Millimeter und für wenig knusprige einen Zentimeter dicke Teigplättchen aus.

Adventistenkekse

Die frühen holländischen Siedler in den USA buken diese Schokoladenkekse am Thanksgiving Day, der am letzten Donnerstag im November begangen wird. Verzehrt wurden sie allerdings erst zu Weihnachten. Dann waren sie von weicher Konsistenz und durch ihre an Karamel erinnernde Beschaffenheit von ganz besonders feinem Geschmack.

Zutaten: 140 g geriebene Bitterschokolade • 1/4 l Rohrmelasse
500 g brauner Rohrzucker • 250 g weiche Butter • 1 TL Natron
350 g Mehl

Zubereitung: Die geriebene Bitterschokolade, die Rohrmelasse, der braune Rohrzucker, die weiche Butter und das Natron werden mit soviel Mehl (bis zu 350 Gramm) verknetet, dass ein Teig entsteht, der sich ausrollen lässt. Mit einem runden Ausstecher sticht man Kekse von 3 Zentimeter Durchmesser aus. Diese werden auf Backpapier auf ein Blech gelegt und im auf 200 °C (Gas Stufe 3 bis 4) vorgeheizten Ofen etwa 12 Minuten lang gebacken, bis sie fest, aber noch biegsam sind. Danach lässt man sie abkühlen und bewahrt sie in einer luftdichten und blickdichten Dose auf.

Gegessen werden sollten die Kekse erst 4 bis 6 Wochen später.

Schmalzplätzchen aus Calais

Zutaten: 250 g Schweineschmalz • 250 g Zucker • 1 Ei • 1/8 l Rohrzuckersirup • 1/8 l kaltes Wasser • 500 g Mehl • 1 TL gemahlener Ingwer • 1 TL Salz • 1 TL Natron

Zubereitung: Das Schweineschmalz mit dem Zucker schaumig rühren. Dann zieht man das Ei unter und rührt den Rohrzuckersirup in die Masse. Dazu wird das kalte Wasser gegeben.

Nun mischt man das Mehl mit dem gemahlenen Ingwer, dem Salz und dem Natron, siebt die Mischung 3-mal durch und verrührt sie mit den anderen Zutaten zu einem weichen Teig, der so wenig wie möglich geknetet werden sollte. Rollen Sie den Teig in der gewünschten Dicke aus, und stechen Sie mit einem Rundausstecher von 6 Zentimeter Durchmesser Plätzchen aus, die im vorgeheizten Ofen bei 190 °C (Gas Stufe 3) etwa 10 Minuten gebacken werden. Legt man die Plätzchen nach dem Backen in eine luftdichte Dose, dann bleiben die dickeren Plätzchen weich und die dünneren knusprig.

Old English Treaclebrittles

»Treacle« ist ein altes Wort für Rohrmelasse und »brittle« bedeutet brüchig. Noch heute bekommt man Treaclebrittles – es handelt sich hierbei um bittere Melassebonbons – in manchen englischen Spezialitätengeschäften. Aber auch in Nordirland sind diese Bonbons sehr beliebt.

Für dieses Rezept benötigt man ein Zuckerthermometer. Achtung: Da Zucker sehr heiß werden kann, ist die Verbrennungsgefahr sehr groß.

Zutaten: 80 g Butter • 250 g brauner Rohrzucker • 500 g Rohrmelasse Wasser • 1 TL Natron

Zubereitung: Zur Vorbereitung bestreicht man eine Marmorplatte, Servierplatte oder eine sonstige glatte, hitzebeständige Fläche mit Butter oder Öl.

Dann schwenkt man einen vorgewärmten Topf mit dickem Boden mit 30 Gramm darin zerlassener Butter aus. Man gibt den braunen Rohrzucker, die Rohrmelasse und 2 Esslöffel Wasser dazu und erhitzt das Ganze langsam unter ständigem Rühren, bis der Zucker aufgelöst ist. Dann kocht man weiter, bis die Masse 149 °C (mit einem Zuckerthermometer kontrollieren!) – der Zuckerbäcker spricht vom harten Bruchgrad – erreicht hat. Danach nimmt man den Topf vom Herd, rührt noch 50 Gramm Butter und das Natron ein und gießt die Masse noch heiß auf die vorbereitete Arbeitsplatte. Die Oberfläche wird, falls nötig, mit einem Spatel geglättet. Sobald die Masse etwas anzieht, schneidet man sie mit einem Messer in 2,5 mal 2,5 Zentimeter große Quadrate. Die Bonbons müssen von der Unterlage gelöst werden, solange sie noch warm sind. Danach zerbricht man sie in unregelmäßige Stücke. Guten Appetit!

Über den Autor

Felix R. Paturi ist Psychologe und freier Dozent der Akademie der Union deutscher Heilpraktiker. Seit 25 Jahren ist er als Wissenschaftsautor durch Buchveröffentlichungen sowie aus Fernsehsendungen bekannt. Zu seinen Schwerpunkten gehören die alternative Heilkunde und die gezielte Krankheitsbehandlung durch Heilpflanzen.

Literatur

Zucker-Museum: Museumsführer des Zucker-Museums Berlin. Erschienen im Selbstverlag des Zucker-Museums. Berlin 1996
Rias-Bucher, Barbara: Natürlich süßen mit Agavensaft, Dattelsirup, schwarzer Melasse & Co. Ludwig Verlag. München 1998
Scott, Cyril: Das schwarze Wunder. Vita Reform-Verlag. Dulliken 1996

Hinweis

Das vorliegende Buch ist sorgfältig erarbeitet worden. Dennoch erfolgen alle Angaben ohne Gewähr. Weder Autor noch Verlag können für eventuelle Nachteile oder Schäden, die aus den im Buch gemachten praktischen Hinweisen resultieren, eine Haftung übernehmen.

Bildnachweis

AKG, Berlin: 12, 19; Bilderberg, Hamburg: 35 (Till Leeser), 45 (Wolfgang Volz); Das Fotoarchiv, Essen: 1, 88 (Toma Babovic); Nagy Michael, München: U1; Südwest Verlag, München: 20 (Joachim Heller), 78, 86 (Michael Nagy), 83 (Christian Kargl); Tony Stone, München: 31 (John Brown); Transglobe, Hamburg: 5 (Zone 5), 51 (Philippe Royer), 52 (ISE Photo Lib.); Tunger Matthias, München: 24, 38, 55, 57, 65, 71, 81; Zucker-Museum, Berlin: 6 (Wolfgang Schackia)

Impressum

Lektorat:
Dr. Judith Schuler
Projektleitung:
Susanne Garte
Redaktionsleitung:
Dr. med. Christiane Lentz
Bildredaktion:
Sabine Kestler
Produktion:
Manfred Metzger
Umschlag:
Till Eiden
Layout:
Wolfgang Lehner
DTP/Satz:
Mihriye Yücel
Druck:
Color-Offset, München
Bindung:
R. Oldenbourg, München

Printed in Germany

Gedruckt auf chlor- und säurearmem Papier

ISBN 3-517-07627-9

Register